정답과 해설은 EBS 중학사이트(mid.ebs.co.kr)에서 다운로드 받으실 수 있습니다.

교재 내용 문의	교재 내용 문의는 EBS 중학사이트 (mid.ebs.co.kr)의 교재 Q&A 서비스를 활용하시기 바랍니다.	교재 정오표 공지	발행 이후 발견된 정오 사항을 EBS 중학사이트 정오표 코너에서 알려 드립니다. **교재학습자료 → 교재 → 교재 정오표**	교재 정정 신청	공지된 정오 내용 외에 발견된 정오 사항이 있다면 EBS 중학사이트를 통해 알려 주세요. **교재학습자료 → 교재 → 교재 선택 → 교재 Q&A**

중학 내신 영어 해결사
MY COACH 시리즈

MY GRAMMAR COACH	기초편, 표준편
MY GRAMMAR COACH 내신기출 N제	중1, 중2, 중3
MY READING COACH	LEVEL 1, LEVEL 2, LEVEL 3
MY WRITING COACH 내신서술형	중1, 중2, 중3
MY VOCA COACH	중학 입문, 중학 기본, 중학 실력

MY
VOCA
COACH
중학 입문

품사와 기호 표시

- 품사란 단어가 문장에서 어떤 역할을 하는지를 말하는 것으로, 우리말 약자로 표시하였습니다.

명 명사	동 동사	형 형용사	부 부사	전 전치사	대 대명사	접 접속사	감 감탄사

- 반의어, 유의어, 복수형 등은 보기 쉽게 기호로 표시하였습니다.

↔ 반의어	≒ 유의어	*pl.* 복수형	V 동사	(과거형) 동사의 과거형–과거분사형

끊어 쓰기를 통한 암기

- 단어를 쉽게 암기하도록 '긴 단어, 철자가 헷갈리는 단어, 파생어' 등은 음절이나 편리한 덩어리로 끊어서 쓸 수 있는 장치를 제시하였습니다. 빈 공간에 들어갈 철자를 쓰면서 외우면 암기 효과가 더 높아집니다.

구분	표제어 예시	구분 방법	학습 방법
긴 단어	underground	under / ground	under ______
철자가 헷갈리는 단어	receive	re / ceive	re ______
파생어	useful	use / ful	use ______

Voca Coach의 활용

- 표제어 암기에 도움이 되도록 맨 우측 단에 Voca Coach를 제시하였습니다. 표제어의 다른 쓰임(품사)이나 파생어, 어원, 뉘앙스, 어법, 유용한 표현 등을 가볍게 읽는 것만으로 마치 선생님이 옆에서 학습을 코치해 주는 것 같은 효과를 느낄 수 있습니다.

표제어	뜻 / 예문	Voca Coach
0001 ☐☐☐ **child** [tʃaild] ______ ild	명 **아이, 어린이** A small **child** is crying. 한 작은 아이가 울고 있다.	*pl.* children 아이들 ≒ kid 아이

체크박스의 활용

- 표제어 왼쪽에 제시되는 3개의 체크박스는 학습자의 필요에 따라 활용될 수 있습니다. 학습 횟수 체크, 완벽 암기는 3개, 안 외워진 것은 1개 체크 등 주도적인 학습 관리에 다양하게 활용할 수 있습니다.

암기 훈련용 3가지 MP3의 활용 (QR 코드 & 파일 다운로드)

- 매 DAY의 첫 페이지에 제공되는 3가지 버전의 암기 훈련용 MP3를 활용하여, 단어의 발음, 단어 뜻, 예문까지 귀로 들으며 암기 효과를 극대화할 수 있습니다.

3단계의 총 3,400개 어휘 학습 시리즈

- 총 3단계의 어휘 학습 시리즈로, 난이도별로 중복되는 단어가 수록되지 않아 단연코 중학 어휘 학습 교재 중 가장 많은 어휘인 3,400개를 담은 가성비 만점의 어휘 학습 교재입니다.

입문	초등 고학년~중학 1학년 수준의 필수 어휘 1,000개 수록
기본	중학 1~2학년 수준의 필수 어휘 1,200개 수록
실력	중학 2학년 실력~중학 3학년(예비 고등) 수준의 필수 어휘 1,200개 수록

STRUCTURE

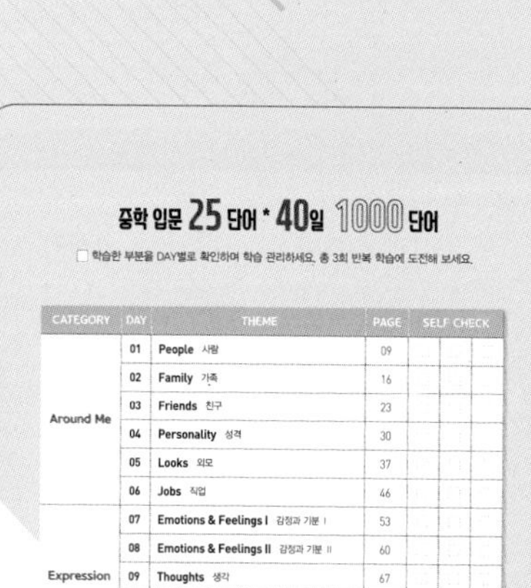

중학 입문 25 단어 * 40일 1000 단어

☐ 학습한 부분을 DAY별로 확인하여 학습 관리하세요. 총 3회 반복 학습에 도전해 보세요.

CATEGORY	DAY	THEME	PAGE	SELF CHECK		
Around Me	01	People 사람	09			
	02	Family 가족	16			
	03	Friends 친구	23			
	04	Personality 성격	30			
	05	Looks 외모	37			
	06	Jobs 직업	46			
Expression	07	Emotions & Feelings I 감정과 기분 I	53			
	08	Emotions & Feelings II 감정과 기분 II	60			
	09	Thoughts 생각	67			
	10	Communication 의사소통	74			
	11	Senses 감각	83			
Daily Life	12	Places 장소	90			
	13	House 집	97			
	14	Objects 물건	104			
	15	School 학교	111			
	16	Learning 학습	120			
	17	Food & Cooking 음식과 요리	127			
	18	Restaurant 식당	134			
	19	Clothes 의복	141			
	20	Shopping 쇼핑	148			

❶ 카테고리와 주제별 분류

새 교육과정 영어 교과서를 완벽 분석하여, 영어 교과서 단원에 등장하는 순서와 난이도 순으로 최다 빈출 주제별 필수 어휘를 40일에 암기할 수 있습니다.

❷ SELF CHECK

DAY별 학습 진도를 체크하며, 최종 3회 반복 학습을 목표로 하도록 하였습니다. 스스로 관리를 하며 꾸준히 학습하는 데 도움이 될 것입니다.

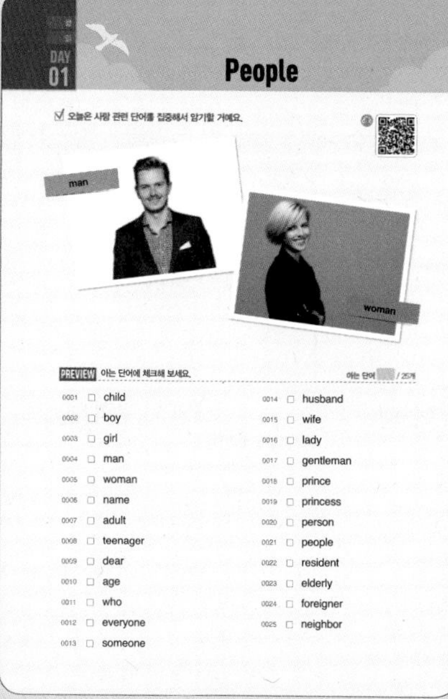

☑ 오늘은 사람 관련 단어를 집중해서 암기할 거예요.

PREVIEW 아는 단어에 체크해 보세요. 아는 단어 / 25개

0001 ☐ child
0002 ☐ boy
0003 ☐ girl
0004 ☐ man
0005 ☐ woman
0006 ☐ name
0007 ☐ adult
0008 ☐ teenager
0009 ☐ dear
0010 ☐ age
0011 ☐ who
0012 ☐ everyone
0013 ☐ someone
0014 ☐ husband
0015 ☐ wife
0016 ☐ lady
0017 ☐ gentleman
0018 ☐ prince
0019 ☐ princess
0020 ☐ person
0021 ☐ people
0022 ☐ resident
0023 ☐ elderly
0024 ☐ foreigner
0025 ☐ neighbor

❸ Picture Dictionary

각 DAY의 주제와 관련된 이미지를 보며, 어휘 학습 시작 전 자연스럽게 주제에 대해 흥미를 갖고 생각하게끔 유도하였습니다.

❹ PREVIEW

아는 단어와 모르는 단어를 분리하여 체크하면서 스스로의 상황을 점검합니다. 바로 의미를 말할 수 있는 것, 아는 것 같지만 의미를 말할 수 없는 것, 모르는 것을 스스로 확인하는 과정은 어휘 학습의 중요한 첫 단계입니다.

❺ 듣기 파일용 3가지 버전 QR 코드 제공

'단어, 단어 + 의미, 단어 + 의미 + 예문'의 3가지 버전으로 표제어 학습의 필요에 따라 단어를 들으며 학습할 수 있도록 하였습니다.

❻ 수준별 표제어 제시

각 주제에 해당하는 단어들을 Basic, Intermediate, Advanced의 수준별로 제시하였습니다.

❼ 끊어 쓰기

단어와 함께 그 발음을 보고, 음절, 철자, 접두사, 접미사 등 암기에 용이하도록 덩어리로 끊어서 외울 수 있도록 하였습니다.

❽ 암기 체크박스

완벽하게 암기한 것과 아닌 것을 체크하는 등 자신의 용도에 맞게 학습 확인을 하도록 3개의 체크박스를 제공하였습니다.

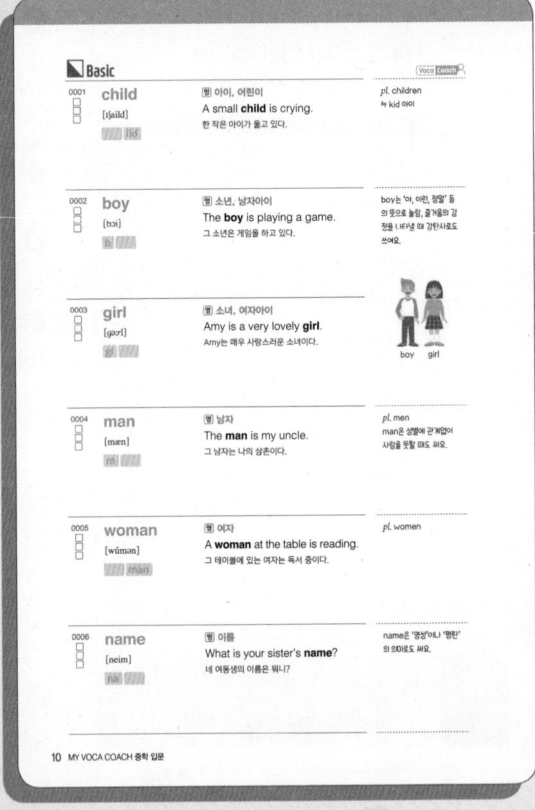

DAY별로 암기 확인용 Daily Check를 제공하며, 누적 테스트를 통해 반복해서 단어를 암기할 수 있도록 하였습니다.

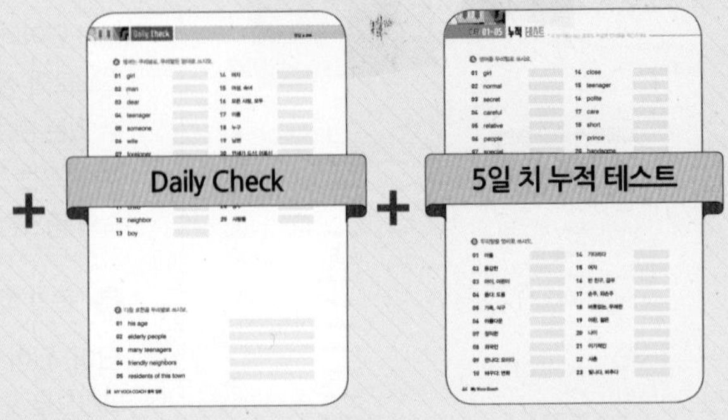

⑨ 예문

표제어를 포함하는 유용한 예문을 제시하여, 문장 안에서 실제 표제어의 쓰임을 보고 단어 암기에 도움이 되도록 하였습니다.

⑩ 반복 학습

앞서 학습한 단어가 뒤에 학습하는 단어의 예문에 제시되어 반복 학습할 수 있도록 하였습니다.

⑪ Voca Coach

파생어, 뉘앙스, 어원, 어법 등 단어 암기에 도움이 되는 팁들을 제공하였습니다.

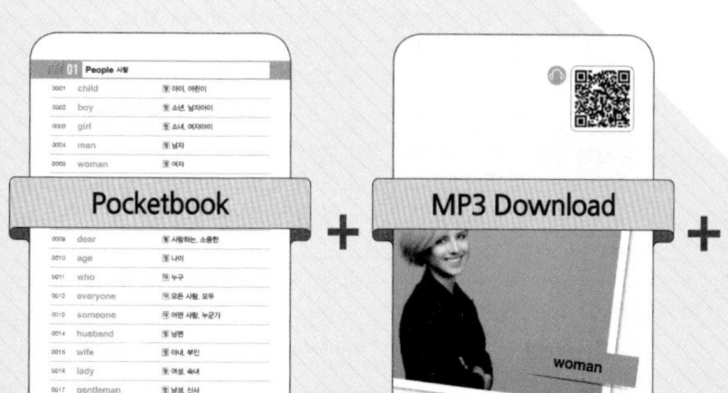

본책과 별도로 주머니에 쏙 들어가는 휴대용 포켓 단어장과 MP3를 제공하여 언제, 어디서나 단어 학습을 할 수 있도록 하였습니다.

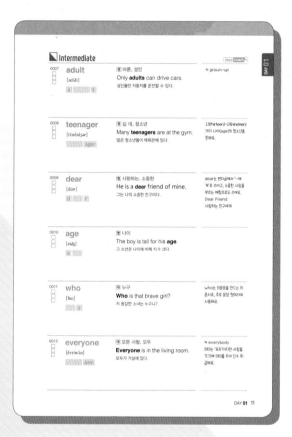

중학 입문 25 단어 * 40일 1000 단어

☐ 학습한 부분을 DAY별로 확인하며 학습 관리하세요. 총 3회 반복 학습에 도전해 보세요.

CATEGORY	DAY	THEME	PAGE	SELF CHECK		
Around Me	01	**People** 사람	09	☐	☐	☐
	02	**Family** 가족	16	☐	☐	☐
	03	**Friends** 친구	23	☐	☐	☐
	04	**Personality** 성격	30	☐	☐	☐
	05	**Looks** 외모	37	☐	☐	☐
	06	**Jobs** 직업	46	☐	☐	☐
Expression	07	**Emotions & Feelings I** 감정과 기분 I	53	☐	☐	☐
	08	**Emotions & Feelings II** 감정과 기분 II	60	☐	☐	☐
	09	**Thoughts** 생각	67	☐	☐	☐
	10	**Communication** 의사소통	74	☐	☐	☐
	11	**Senses** 감각	83	☐	☐	☐
Daily Life	12	**Places** 장소	90	☐	☐	☐
	13	**House** 집	97	☐	☐	☐
	14	**Objects** 물건	104	☐	☐	☐
	15	**School** 학교	111	☐	☐	☐
	16	**Learning** 학습	120	☐	☐	☐
	17	**Food & Cooking** 음식과 요리	127	☐	☐	☐
	18	**Restaurant** 식당	134	☐	☐	☐
	19	**Clothes** 의복	141	☐	☐	☐
	20	**Shopping** 쇼핑	148	☐	☐	☐

CONTENTS

CATEGORY	DAY	THEME	PAGE	SELF CHECK		
Things & Condition	21	Time 시간	157	☐	☐	☐
	22	Sequence & Frequency 순서와 빈도	164	☐	☐	☐
	23	Condition 상태	171	☐	☐	☐
	24	Shape & Degree 모양과 정도	178	☐	☐	☐
	25	Numbers & Quantities 수와 양	185	☐	☐	☐
	26	Direction & Position 방향과 위치	194	☐	☐	☐
Leisure & Culture	27	Travel 여행	201	☐	☐	☐
	28	Hobbies 취미	208	☐	☐	☐
	29	Sports 운동	215	☐	☐	☐
	30	Special Days 특별한 날	222	☐	☐	☐
	31	Art & Culture I 예술과 문화 I	231	☐	☐	☐
	32	Art & Culture II 예술과 문화 II	238	☐	☐	☐
Health & Body	33	Body 신체	245	☐	☐	☐
	34	Health 건강	252	☐	☐	☐
	35	Actions 행동	259	☐	☐	☐
Nature	36	Plants 식물	268	☐	☐	☐
	37	Animals & Insects 동물과 곤충	275	☐	☐	☐
	38	Weather & Seasons 날씨와 계절	282	☐	☐	☐
	39	Nature & Environment I 자연과 환경 I	289	☐	☐	☐
	40	Nature & Environment II 자연과 환경 II	296	☐	☐	☐

효과적인 어휘 학습 방법

1. MP3를 활용하여 듣고 따라 말하기

우선 단어의 발음을 듣고 2회 따라 말하며 기억합니다. 그리고 본책의 예문과 팁을 통해 단어를 학습한 후, 단어만 듣고 의미를 말해 보는 방법으로 암기하면 보다 쉽게 외울 수 있을 뿐 아니라, 아주 오래 기억할 수 있습니다.

2. 음절, 접두사, 접미사, 아는 부분은 덩어리로 끊어서 암기하기

단어 안에 아는 단어가 숨어 있는지, 접두사나 접미사가 붙어 있는지 등을 파악하여 덩어리로 기억하는 것이 좋습니다. 이 방법으로 꾸준히 단어를 학습하다 보면 단어들 속에 숨어 있는 규칙을 발견하게 되며, 더욱 똑똑한 학습이 가능해져 보다 많은 단어를 더욱 쉽게 암기할 수 있습니다.

3. 누적 암기 확인하기

단어는 한 번 암기하는 것으로 자신의 것이 되지 않습니다. 암기하고 잊어버리고 또 암기하는 과정을 여러 번 반복해야 하므로 단어 학습은 쉽지 않습니다. 그래서 완전히 잊기 전에 누적하여 암기 확인을 해야만 합니다. 새로운 DAY를 시작하기 전에 이전에 암기했던 것들을 다시 훑어보는 등의 방법도 추천합니다. 그리고 암기한 단어가 머릿속에서 희미해지기 전에 Daily Check나 누적 테스트를 통해 머리에 각인시키는 것 또한 중요합니다. 포켓 단어장과 MP3 파일을 통해 누적 복습하는 것도 아주 효율적인 암기 방법입니다.

4. 예문을 적극적으로 활용하기

단어 학습을 하면서 예문을 읽지 않는 학습자들이 많습니다. 바쁘고 외워야 할 것들이 많기 때문이죠. 하지만, 예문을 반드시 읽어야 하는 이유는 단어의 용례를 파악한다는 장점은 물론, 그 단어를 확실하게 기억할 수 있는 가장 좋은 방법이기 때문입니다. 빠르게 외우고 빠르게 잊는 것보다는 한 번 외울 때 시간을 조금만 더 투자해 보세요. 예문과 함께 표제어를 학습하면 더 오래 기억할 수 있으므로 결과적으로는 더 빠른 효율적인 암기법이라고 자신 있게 추천합니다.

5. Voca Coach의 도움 받기

대부분 선생님의 도움 없이 혼자 해야 하는 부분이기 때문에 지루해지고, 따라서 꾸준히 지속하기 어려운 경우가 많습니다. Voca Coach가 알려 주는 팁을 통해 어휘력이 확장되는 것은 물론, 추가 지식을 얻으며 표제어를 더욱 잘 기억할 수 있도록 합니다. Voca Coach가 지치지 않고 예정한 학습 계획에 따라가도록 도움을 줄 것입니다.

월
일
DAY 01

People

☑ 오늘은 사람 관련 단어를 집중해서 암기할 거예요.

PREVIEW 아는 단어에 체크해 보세요. 아는 단어 ___ / 25개

0001 □ child
0002 □ boy
0003 □ girl
0004 □ man
0005 □ woman
0006 □ name
0007 □ adult
0008 □ teenager
0009 □ dear
0010 □ age
0011 □ who
0012 □ everyone
0013 □ someone
0014 □ husband
0015 □ wife
0016 □ lady
0017 □ gentleman
0018 □ prince
0019 □ princess
0020 □ person
0021 □ people
0022 □ resident
0023 □ elderly
0024 □ foreigner
0025 □ neighbor

Basic

Voca Coach

0001 child

[tʃaild]

▨ ild

명 아이, 어린이

A small **child** is crying.

한 작은 아이가 울고 있다.

pl. children

≒ kid 아이

0002 boy

[bɔi]

b ▨

명 소년, 남자아이

The **boy** is playing a game.

그 소년은 게임을 하고 있다.

boy는 '야, 이런, 정말' 등의 뜻으로 놀람, 즐거움의 감정을 나타낼 때 감탄사로도 쓰여요.

0003 girl

[gəːrl]

gi ▨

명 소녀, 여자아이

Amy is a very lovely **girl**.

Amy는 매우 사랑스러운 소녀이다.

boy girl

0004 man

[mæn]

m ▨

명 남자

The **man** is my uncle.

그 남자는 나의 삼촌이다.

pl. men

man은 성별에 관계없이 사람을 뜻할 때도 써요.

0005 woman

[wúmən]

▨ man

명 여자

A **woman** at the table is reading.

그 테이블에 있는 여자는 독서 중이다.

pl. women

0006 name

[neim]

na ▨

명 이름

What is your sister's **name**?

네 여동생의 이름은 뭐니?

name은 '명성'이나 '평판'의 의미로도 써요.

Intermediate

Voca Coach

0007 **adult** □□□
[ədʌ́lt]
a ___ t

명 **어른, 성인**
Only **adults** can drive cars.
성인들만 자동차를 운전할 수 있다.

≒ grown-up

0008 **teenager** □□□
[tíːnèidʒər]
___ ager

명 **십 대, 청소년**
Many **teenagers** are at the gym.
많은 청소년들이 체육관에 있다.

13(thirteen)~19(nineteen)까지 나이(age)의 청소년을 뜻해요.

0009 **dear** □□□
[diər]
d ___ r

형 **사랑하는, 소중한**
He is a **dear** friend of mine.
그는 나의 소중한 친구이다.

dear는 편지글에서 '~에게'로 쓰이고, 소중한 사람을 부르는 애칭으로도 쓰여요.
Dear Friend
사랑하는 친구에게

0010 **age** □□□
[eidʒ]
a ___

명 **나이**
The boy is tall for his **age**.
그 소년은 나이에 비해 키가 크다.

0011 **who** □□□
[huː]
___ o

대 **누구**
Who is that brave girl?
저 용감한 소녀는 누구니?

who는 의문문을 만드는 의문사로, 주로 문장 첫머리에 사용해요.

0012 **everyone** □□□
[évriwʌ̀n]
___ one

대 **모든 사람, 모두**
Everyone is in the living room.
모두가 거실에 있다.

≒ everybody
의미는 '모두'이지만 사람들 각각에 의미를 두어 단수 취급해요.

0013 **someone**
[sʌ́mwʌn]
one

대 **어떤 사람, 누군가**
Someone is waiting for you.
누군가가 너를 기다리고 있다.

≒ somebody

0014 **husband**
[hʌ́zbənd]
hus

명 **남편**
Her **husband** is handsome.
그녀의 남편은 잘생겼다.

0015 **wife**
[waif]
wi

명 **아내, 부인**
His **wife** has long hair.
그의 아내는 긴 머리를 가지고 있다.

pl. wives

0016 **lady**
[léidi]
dy

명 **여성, 숙녀**
The **lady** is kind to us.
그 숙녀는 우리에게 친절하다.

pl. ladies
lady는 woman(여자)을 정중히 가리키는 말로 쓰여요.

0017 **gentleman**
[ʤéntlmən]
man

명 **남성, 신사**
The **gentleman** is very polite.
그 신사는 매우 공손하다.

pl. gentlemen
gentleman은 man(남자)을 격식 차려 부를 때 쓰여요.
Ladies and gentlemen!
신사 숙녀 여러분!

0018 **prince**
[prins]
prin

명 **왕자**
A **prince** lives in a castle.
왕자는 성에 산다.

prince princess

0019 **princess**
[prínses]
prin

명 **공주**
The little girl is a **princess**.
그 어린 소녀는 공주이다.

Voca Coach

0020 ☐☐☐ **person** [pə́ːrsən] ____son

명 한 사람, 개인

Look at the **person** on the stage!

무대 위의 저 사람을 봐!

pl. people 사람들
≒ man 사람

0021 ☐☐☐ **people** [píːpl] peo____

명 사람들

Many **people** joined the club.

많은 사람들이 그 클럽에 가입했다.

person(한 사람)의 불규칙 복수형이에요.

Advanced

0022 ☐☐☐ **resident** [rézidənt] ____nt

명 거주자, 주민

They are not **residents** of this town.

그들은 이 마을의 주민들이 아니다.

동 reside(살다, 거주하다) + -(e)nt('행위자'를 뜻하는 접미사)

0023 ☐☐☐ **elderly** [éldərli] ____ly

형 연세가 드신 명 어르신

Elderly people are wise.

어르신들은 지혜롭다.

≒ aged 나이 든,
senior 어르신
old(늙은)보다 정중한 표현이에요.

0024 ☐☐☐ **foreigner** [fɔ́(ː)rinər] ____er

명 외국인

I helped a **foreigner** on the street.

나는 거리에서 외국인을 도와주었다.

형 foreign(외국의) + -er('~인 사람'을 뜻하는 접미사)

0025 ☐☐☐ **neighbor** [néibər] ____bor

명 이웃, 이웃 사람

We have friendly **neighbors**.

우리는 친절한 이웃들이 있다.

Daily Check

정답 p.306

A 영어는 우리말로, 우리말은 영어로 쓰시오.

01 girl		**14** 여자	
02 man		**15** 여성, 숙녀	
03 dear		**16** 모든 사람, 모두	
04 teenager		**17** 이름	
05 someone		**18** 누구	
06 wife		**19** 남편	
07 foreigner		**20** 연세가 드신; 어르신	
08 person		**21** 나이	
09 prince		**22** 어른	
10 resident		**23** 남성, 신사	
11 child		**24** 공주	
12 neighbor		**25** 사람들	
13 boy			

B 다음 표현을 우리말로 쓰시오.

01 his age	
02 elderly people	
03 many teenagers	
04 friendly neighbors	
05 residents of this town	

C 빈칸에 알맞은 단어를 쓰시오.

01	______ : children	=	아이 : 아이들
02	person : ______	=	사람 : 사람들
03	man : ______	=	남자 : 신사
04	______ : lady	=	여자 : 숙녀
05	foreign : ______	=	외국의 : 외국인
06	______ : wife	=	남편 : 아내

D 암기한 단어를 이용하여 다음 문장을 완성하시오.

01 왕자는 성에 산다.

→ A ______ lives in a castle.

02 누군가가 너를 기다리고 있다.

→ ______ is waiting for you.

문장 맨 앞에 오는 글자는 대문자로 써요.

03 저 용감한 소녀는 누구니?

→ ______ is that brave girl?

04 Amy는 매우 사랑스러운 소녀이다.

→ Amy is a very lovely ______.

05 어른들만 자동차를 운전할 수 있다.

→ Only ______ can drive cars.

'어른들'은 복수이므로 -s를 붙여서 쓰세요.

06 네 여동생의 이름은 뭐니?

→ What is your sister's ______?

월
일

DAY
02

Family

☑ 오늘은 가족 관련 단어를 집중해서 암기할 거예요.

PREVIEW 아는 단어에 체크해 보세요. 아는 단어 / 25개

0026 □ family
0027 □ father
0028 □ mother
0029 □ sister
0030 □ brother
0031 □ baby
0032 □ parent
0033 □ grandparent
0034 □ grandfather
0035 □ grandmother
0036 □ grandchild
0037 □ daughter
0038 □ son
0039 □ aunt
0040 □ uncle
0041 □ twin
0042 □ member
0043 □ live
0044 □ marry
0045 □ care
0046 □ raise
0047 □ cousin
0048 □ nephew
0049 □ relative
0050 □ each other

Basic

Voca Coach

0026 **family**
[fǽməli]
ily

명 가족, 식구
My **family** goes to the park on weekends.
나의 가족은 주말에 공원에 간다.

family는 여러 명으로 구성되어 있지만 '한 가족'으로 단수 취급해요.

DAY 02

0027 **father**
[fɑ́:ðər]
fa

명 아버지
Her **father** is a humorous man.
그녀의 아버지는 재미있는 분이시다.

≒ dad, daddy

0028 **mother**
[mʌ́ðər]
ther

명 어머니
His **mother** is always calm.
그의 어머니는 항상 침착하시다.

≒ mom, mommy

0029 **sister**
[sístər]
ter

명 언니, 누나, 여동생, 자매
He has two older **sisters**.
그는 누나 두 명이 있다.

0030 **brother**
[brʌ́ðər]
ther

명 오빠, 형, 남동생, 형제
Her little **brother** is cute.
그녀의 남동생은 귀엽다.

0031 **baby**
[béibi]
ba

명 아기; (가족 중) 막내
The **baby** smiles at me.
그 아기가 나에게 미소 짓는다.

Intermediate

Voca Coach

0032 parent

[pέ(:)ərənt]

pa

명 부모 (중 한 분)

My **parents** are good cooks.

나의 부모님은 요리를 잘하신다.

pl. parents

parent가 단수 형태로 쓰일 때는 부모님 중 한 분만을 가리켜요.

0033 grandparent

[grǽndpὲ(:)ərənt]

parent

명 조부모 (중 한 분)

My **grandparents** live in Busan.

나의 조부모님은 부산에 사신다.

pl. grandparents

grandparent가 단수 형태로 쓰일 때는 조부모님 중 한 분만을 가리켜요.

0034 grandfather

[grǽndfὰ:ðər]

father

명 할아버지

His **grandfather** is still healthy.

그의 할아버지는 여전히 건강하시다.

≒ grandpa

0035 grandmother

[grǽndmʌ̀ðər]

mother

명 할머니

We visited our **grandmother** yesterday.

우리는 어제 우리 할머니를 방문했다.

≒ grandma

0036 grandchild

[grǽndtʃàild]

grand

명 손주, 손자, 손녀

They were pleased to see their **grandchild**.

그들은 그들의 손주를 보게 되어 기뻤다.

pl. grandchildren

0037 daughter

[dɔ́:tər]

ter

명 딸

Mr. Smith has a 5-year-old **daughter**.

Smith 씨는 5살 된 딸이 있다.

Voca Coach

0038 **son** [sʌn]

s ___

명 아들

Our **sons** are very lovely boys.

우리 아들들은 매우 사랑스러운 소년들이다.

0039 **aunt** [ænt]

___ nt

명 이모, 고모, 숙모

Her **aunt** is a smart woman.

그녀의 이모는 똑똑한 여성이다.

aunt는 혈연관계가 아닌 어머니 또래의 친한 여성을 가리킬 때도 쓰여요.

0040 **uncle** [ʌ́ŋkl]

___ cle

명 삼촌, 고모부, 이모부

Uncle David is coming next week.

David 삼촌이 다음 주에 온다.

uncle은 혈연관계가 아닌 아버지 또래의 친한 남성을 가리킬 때도 쓰여요.

0041 **twin** [twin]

t ___

명 쌍둥이 (중 한 명)

They are **twins**.

그들은 쌍둥이다.

twin이 단수 형태로 쓰일 때는 쌍둥이 중 한 사람만을 가리켜요.

0042 **member** [mémbər]

___ ber

명 구성원, 회원, 멤버

How many family **members** do you have?

가족 구성원들이 몇 명인가요?

0043 **live** [liv]

li ___

동 살다, 거주하다

The princess **lives** in a palace.

그 공주는 궁전에 산다.

0044 **marry** [mǽri]

ma ___

동 결혼하다

My younger sister will **marry** an actor.

나의 여동생은 배우와 결혼할 것이다.

명 marriage 결혼

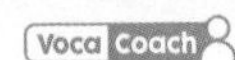

0045 **care** [kɛər] c______

명 돌봄, 보살핌 동 돌보다

Babies need special **care**.

아기들은 특별한 보살핌이 필요하다.

take care of 돌보다, 보살피다

Advanced

0046 **raise** [reiz] ______se

동 기르다; (위로) 들다, 올리다

I want to **raise** a pet.

나는 반려동물을 기르고 싶다.

Raise your hand.
손을 들어라.

0047 **cousin** [kʌ́zən] cou______

명 사촌

My **cousin** is afraid of dogs.

나의 사촌은 개를 무서워한다.

0048 **nephew** [néfju:] ne______

명 남자 조카

He is my **nephew**, a son of my brother.

그는 내 조카, 즉 내 형의 아들이다.

↔ niece 여자 조카

0049 **relative** [rélətiv] rela______

명 친척; 동족

Close **relatives** came to the wedding.

가까운 친척들이 결혼식에 왔다.

relative는 형용사로 '상대적인'이라는 뜻이 있어요.

0050 **each other**

대 서로

Twins look like **each other**.

쌍둥이는 서로 닮았다.

each other는 목적어로만 쓰이며, 주어나 보어로는 쓸 수 없어요.

정답 p.306

A 영어는 우리말로, 우리말은 영어로 쓰시오.

01 uncle
02 father
03 live
04 sister
05 cousin
06 baby
07 parent
08 grandparent
09 each other
10 grandmother
11 relative
12 marry
13 son
14 이모, 고모
15 가족
16 쌍둥이 (중 한 명)
17 구성원, 회원
18 남자 형제
19 손주
20 돌봄; 돌보다
21 기르다; (위로) 들다
22 어머니
23 남자 조카
24 할아버지
25 딸

B 다음 표현을 우리말로 쓰시오.

01 special care
02 close relatives
03 their grandchild
04 family members
05 a 5-year-old daughter

C 빈칸에 알맞은 단어를 쓰시오.

01 __________ : mother = 아버지 : 어머니

02 __________ : brother = 자매 : 형제

03 parent : __________ = 부모 (중 한 분) : 조부모 (중 한 분)

04 uncle : __________ = 삼촌 : 이모, 고모

05 __________ : niece = 남자 조카 : 여자 조카

06 __________ : daughter = 아들 : 딸

D 암기한 단어를 이용하여 다음 문장을 완성하시오.

01 나는 반려동물을 기르고 싶다.

→ I want to __________ a pet.

'(위로) 들다, 올리다'라는 뜻도 있어요.

02 그 공주는 궁전에 산다.

→ The princess __________ in a palace.

주어가 3인칭 단수이므로 동사에 -s를 붙여 써요.

03 우리는 어제 우리 할머니를 방문했다.

→ We visited our __________ yesterday.

04 쌍둥이는 서로 닮았다.

→ Twins look like __________ __________.

05 나의 여동생은 배우와 결혼할 것이다.

→ My younger sister will __________ an actor.

06 나의 가족은 주말에 공원에 간다.

→ My __________ goes to the park on weekends.

월
일
DAY 03

Friends

☑ 오늘은 친구 관련 단어를 집중해서 암기할 거예요.

introduce

classmate

PREVIEW 아는 단어에 체크해 보세요. 아는 단어 / 25개

0051 ☐ best
0052 ☐ friend
0053 ☐ close
0054 ☐ play
0055 ☐ help
0056 ☐ meet
0057 ☐ nickname
0058 ☐ classmate
0059 ☐ join
0060 ☐ club
0061 ☐ group
0062 ☐ keep
0063 ☐ secret
0064 ☐ wait
0065 ☐ share
0066 ☐ fight
0067 ☐ joke
0068 ☐ together
0069 ☐ alone
0070 ☐ have fun
0071 ☐ favor
0072 ☐ friendship
0073 ☐ partner
0074 ☐ introduce
0075 ☐ in need

Basic

Voca Coach

0051 best
[best]
b

형 최고의, 제일 좋은
They are my **best** friends.
그들은 나의 최고의 친구들이다.

best는 'good/well(좋은/좋게)'의 최상급 표현이에요. (good/well - better - best)

0052 friend
[frend]
fr

명 친구
My uncle has many foreign **friends**.
나의 삼촌은 많은 외국인 친구들이 있다.

≒ mate

0053 close
[klous]
cl

형 친한; 거리가 가까운
They became **close** friends.
그들은 친한 친구가 되었다.

close[clouz]는 동사로 '(문 등을) 닫다'라는 뜻이 있어요.

0054 play
[plei]
y

동 놀다; 운동 경기를 하다; 연주하다
The child **played** with a toy robot.
그 아이는 장난감 로봇을 가지고 놀았다.

play basketball 농구를 하다
play the piano 피아노를 치다

0055 help
[help]
h

동 돕다, 도와주다 명 도움
Teachers will **help** you at school.
선생님들이 학교에서 너를 도와줄 것이다.

Do you need my help?
너는 내 도움이 필요하니?

0056 meet
[mi:t]
m t

동 만나다; 모이다
We're glad to **meet** you.
우리는 당신과 만나게 되어 기쁩니다.

(과거형) met-met

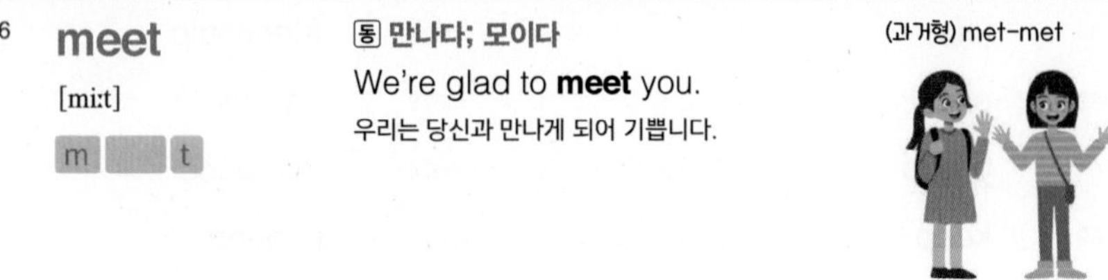

Intermediate

Voca Coach

0057 nickname [níknèim]
name
명 별명, 애칭
His **nickname** is 'the king of soccer.'
그의 별명은 '축구왕'이다.

0058 classmate [klǽsmèit]
mate
명 반 친구, 급우
I met my **classmate** at the library.
나는 도서관에서 나의 반 친구를 만났다.
class(학급, 반) +mate(친구)

0059 join [dʒɔin]
n
동 가입하다, 함께 하다
Will you **join** us for lunch?
우리와 점심 식사를 함께 할래?

0060 club [klʌb]
cl
명 동아리, 클럽
Sam joined the music **club**.
Sam은 음악 동아리에 가입했다.

0061 group [gru:p]
g p
명 무리, 집단, 그룹
A **group** of teenagers are playing baseball.
한 무리의 청소년들이 야구를 하고 있다.

0062 keep [ki:p]
k
동 지키다; 유지하다, 계속하다
I always **keep** my promises.
나는 항상 약속을 지킨다.
(과거형) kept-kept

0063 **secret** [sí:krit]

명 비밀 형 비밀의

This is a **secret** between you and me.
이것은 너와 나 사이의 비밀이다.

keep a secret 비밀을 지키다

0064 **wait** [weit]

동 기다리다

Please **wait** your turn.
당신의 차례를 기다려 주세요.

0065 **share** [ʃɛər]

동 함께 나누다, 공유하다

Amy **shares** a room with her sister.
Amy는 그녀의 언니와 방을 함께 쓴다.

셰어하우스(share house)는 다수가 한집에 살면서, 공간을 공유하는 집이에요.

0066 **fight** [fait]

명 싸움 동 싸우다

Ben had a **fight** with his friend.
Ben은 그의 친구와 싸움을 했다.

(과거형) fought-fought
running fight 추격전

0067 **joke** [dʒouk]

명 농담 동 농담을 하다

People didn't laugh at his **joke**.
사람들은 그의 농담에 웃지 않았다.

≒ kidding

0068 **together** [təgéðər]

부 함께, 같이

We went camping **together**.
우리는 함께 캠핑을 갔다.

0069 **alone** [əlóun]

부 혼자, 홀로

My brother sometimes travels **alone**.
나의 형은 가끔 혼자 여행을 한다.

0070 **have fun**

즐거운 시간을 보내다, 재미있게 놀다

Have fun on your trip!

여행에서 즐거운 시간 보내!

Advanced

0071 **favor**

[féivər]

fa

명 부탁; 호의

Can you do me a **favor**?

내 부탁을 들어줄 수 있을까요?

do ~ a favor ~의 부탁을 들어주다

0072 **friendship**

[fréndʃip]

ship

명 우정

True **friendship** lasts forever.

진정한 우정은 영원히 지속된다.

명 friend(친구) + -ship ('상태나 지위' 등을 나타내는 접미사)

0073 **partner**

[pá:rtnər]

ner

명 짝, 파트너

You need a **partner** to play this game.

이 게임을 하려면 짝이 필요하다.

0074 **introduce**

[ìntrədjú:s]

duce

동 소개하다

Will you **introduce** yourself to us?

우리에게 자기소개를 해 주실래요?

명 introduction 소개

0075 **in need**

어려움에 처한[처하여]

Jane helped her friend **in need**.

Jane은 어려움에 처한 그녀의 친구를 도왔다.

[속담] A friend in need is a friend indeed. 어려울 때 친구가 진짜 친구다.

Daily Check

정답 p.306

A 영어는 우리말로, 우리말은 영어로 쓰시오.

01 wait		**14** 친구	
02 fight		**15** 함께 나누다	
03 close		**16** 별명	
04 secret		**17** 지키다; 유지하다	
05 help		**18** 함께	
06 meet		**19** 혼자	
07 partner		**20** 무리, 집단	
08 best		**21** 부탁	
09 join		**22** 우정	
10 club		**23** 반 친구	
11 have fun		**24** 소개하다	
12 play		**25** 농담	
13 in need			

B 다음 표현을 우리말로 쓰시오.

01 wait your turn	
02 foreign friends	
03 the music club	
04 keep my promises	
05 a group of teenagers	

C 빈칸에 알맞은 단어를 쓰시오.

01 good : __________ = 좋은 : 최고의, 제일 좋은

02 __________ : name = 별명 : 이름

03 __________ : met = 만나다 : 만났다

04 introduction : __________ = 소개 : 소개하다

05 friend : __________ = 친구 : 우정

06 class : __________ = 학급, 반 : 반 친구

DAY 03

D 암기한 단어를 이용하여 다음 문장을 완성하시오.

01 내 부탁을 들어줄 수 있을까요?

→ Can you do me a __________?

02 우리와 점심 식사를 함께 할래?

→ Will you __________ us for lunch?

03 그들은 친한 친구가 되었다.

→ They became __________ friends.

04 사람들은 그의 농담에 웃지 않았다.

→ People didn't laugh at his __________.

유의어는 kidding이에요.

05 이것은 너와 나 사이의 비밀이다.

→ This is a __________ between you and me.

06 Jane은 어려움에 처한 그녀의 친구를 도왔다.

→ Jane helped her friend __________ __________.

월
일
DAY 04

Personality

☑ 오늘은 성격 관련 단어를 집중해서 암기할 거예요.

curious

lazy

PREVIEW 아는 단어에 체크해 보세요. 아는 단어 ___ / 25개

0076 ☐ kind
0077 ☐ funny
0078 ☐ smart
0079 ☐ friendly
0080 ☐ brave
0081 ☐ shy
0082 ☐ lazy
0083 ☐ calm
0084 ☐ quiet
0085 ☐ careful
0086 ☐ honest
0087 ☐ curious
0088 ☐ gentle
0089 ☐ polite
0090 ☐ rude
0091 ☐ wise
0092 ☐ dull
0093 ☐ stupid
0094 ☐ foolish
0095 ☐ idle
0096 ☐ clever
0097 ☐ bold
0098 ☐ humorous
0099 ☐ selfish
0100 ☐ character

Basic

Voca Coach

0076 **kind** [kaind] d

형 친절한
The **kind** man helped the poor.
그 친절한 남자는 가난한 사람들을 도왔다.

kind는 명사로 '종류, 유형'이라는 뜻이 있어요.

0077 **funny** [fʌ́ni] fun

형 재미있는, 웃긴
The teacher is **funny** and wise.
그 선생님은 재미있고 현명하시다.

fun 형 재미있는 명 재미
≒ humorous

0078 **smart** [smɑːrt] sm

형 똑똑한, 영리한
Dogs are **smart** animals.
개는 똑똑한 동물이다.

≒ clever

0079 **friendly** [fréndli] ly

형 친절한, 우호적인
Our new neighbor is **friendly** to us.
우리의 새 이웃은 우리에게 친절하다.

명 friend(친구) + -ly (형용사를 만드는 접미사)

0080 **brave** [breiv] ve

형 용감한
A **brave** woman saved the baby.
한 용감한 여자가 그 아기를 구했다.

≒ bold 대담한

0081 **shy** [ʃai] y

형 부끄러운, 수줍어하는
She is **shy** in front of many people.
그녀는 많은 사람들 앞에서 수줍어한다.

0082 **lazy** [léizi] l

형 게으른
The **lazy** rabbit lost the race.
그 게으른 토끼가 경주에서 졌다.

≒ idle 나태한
↔ diligent 부지런한

Intermediate

Voca Coach

0083 calm
[kɑːm]
c

형 침착한, 차분한 동 진정시키다
I can't be **calm** before the test.
나는 시험 전에 침착할 수가 없다.

Calm down. 진정해.

0084 quiet
[kwáiət]
q t

형 조용한
My grandfather was a **quiet** man.
나의 할아버지는 조용한 분이셨다.

↔ loud, noisy 시끄러운

0085 careful
[kɛ́ərfəl]
care

형 조심하는, 주의 깊은
Be **careful** of the icy roads!
빙판길을 조심하세요!

명 care(주의, 살핌) + -ful('가득한'을 뜻하는 접미사)

0086 honest
[ɑ́nist]
st

형 정직한
News reporters should be **honest**.
뉴스 기자들은 정직해야 한다.

↔ dishonest 정직하지 못한
명 honesty 정직

0087 curious
[kjú(ː)əriəs]
curi

형 호기심이 많은; 궁금한, 신기한
He is **curious** about the world.
그는 세상에 대해 호기심이 많다.

0088 gentle
[dʒéntl]
tle

형 상냥한, 친절한; 온화한, 순한
His mother has a **gentle** voice.
그의 어머니는 상냥한 목소리를 가지고 있다.

명 gentleman 신사, 점잖은 사람

Voca Coach

0089 **polite** [pəláit]
po

형 공손한, 예의 바른

You have to be **polite** to your teacher.

너는 선생님께 공손해야 한다.

↔ impolite, rude 무례한

0090 **rude** [ru:d]
ru

형 버릇없는, 무례한

Their sons were **rude** to the elderly.

그들의 아들들은 노인들에게 버릇이 없었다.

≒ impolite 무례한
↔ polite 예의 바른

0091 **wise** [waiz]
e

형 지혜로운, 현명한

The **wise** man has an answer to the question.

그 지혜로운 남자는 그 질문의 답을 가지고 있다.

0092 **dull** [dʌl]
du

형 따분한, 재미없는; 둔한

The job was **dull** and boring.

그 일은 따분하고 지루했다.

≒ boring 지루한

0093 **stupid** [stjú:pid]
pid

형 어리석은, 멍청한

I made a **stupid** mistake.

나는 어리석은 실수를 했다.

≒ foolish

0094 **foolish** [fú:liʃ]
fool

형 바보 같은, 어리석은

Foolish men don't listen to others.

어리석은 사람은 다른 사람의 말을 듣지 않는다.

명 fool(바보, 어리석음) + -ish('~의 성질을 가진'을 뜻하는 접미사)

Advanced

Voca Coach

0095 idle
[áidl]
i

형 게으른, 나태한; 한가한
An **idle** student is sleeping during the class.
한 게으른 학생이 수업 중에 자고 있다.

≒ lazy 게으른

0096 clever
[klévər]
ver

형 영리한, 똑똑한
What a **clever** idea!
정말 영리한 생각이야!

≒ smart

0097 bold
[bould]
bo

형 대담한, 용감한
The princess is **bold** and fearless.
그 공주는 용감하고 두려움을 모른다.

≒ brave
bold는 '선명한, 굵은'이라는 뜻도 있어요.

0098 humorous
[hjú:mərəs]
ous

형 재미있는, 유머가 있는
Aunt Mary is a **humorous** lady.
Mary 이모는 재미있는 여성이다.

명 humor(재미, 유머) + -ous(형용사를 만드는 접미사)

0099 selfish
[sélfiʃ]
ish

형 이기적인
The **selfish** girl ate all our snacks by herself.
그 이기적인 소녀가 우리 간식을 혼자 다 먹었다.

명 self(스스로, 자신) + -ish('~의 성질을 가진'을 뜻하는 접미사)

0100 character
[kǽriktər]
ter

명 성격, 기질, 특징
People have different **characters**.
사람들은 각각 다른 성격을 가지고 있다.

≒ personality 성격

Daily Check

정답 p.306

A 영어는 우리말로, 우리말은 영어로 쓰시오.

01 clever
02 funny
03 smart
04 friendly
05 brave
06 idle
07 curious
08 bold
09 quiet
10 careful
11 wise
12 gentle
13 lazy
14 공손한, 예의 바른
15 버릇없는, 무례한
16 재미있는, 유머가 있는
17 따분한; 둔한
18 어리석은, 멍청한
19 바보 같은, 어리석은
20 정직한
21 부끄러운, 수줍음이 많은
22 침착한; 진정시키다
23 친절한
24 이기적인
25 성격, 특징

B 다음 표현을 우리말로 쓰시오.

01 a clever idea
02 the kind man
03 a gentle voice
04 a stupid mistake
05 curious about the world

C 빈칸에 알맞은 단어를 쓰시오.

01 self : ______________ = 스스로, 자신 : 이기적인

02 ______________ : humor = 재미있는 : 재미, 유머

03 ______________ ↔ dishonest = 정직한 ↔ 정직하지 못한

04 fool : ______________ = 어리석음 : 어리석은

05 ______________ : care = 주의 깊은 : 주의

06 friend : ______________ = 친구 : 친절한

D 암기한 단어를 이용하여 다음 문장을 완성하시오.

01 사람들은 각각 다른 성격을 가지고 있다.

→ People have different ___________s.

02 나는 시험 전에 침착할 수가 없다.

→ I can't be ___________ before the test.

03 그 공주는 용감하고 두려움을 모른다.

→ The princess is ___________ and fearless.

04 그들의 아들들은 노인들에게 버릇이 없었다.

→ Their sons were ___________ to the elderly.

반의어는 polite이에요.

05 그녀는 많은 사람들 앞에서 수줍어한다.

→ She is ___________ in front of many people.

06 그 지혜로운 남자는 그 질문의 답을 가지고 있다.

→ The ___________ man has an answer to the question.

월
일

DAY 05

Looks

☑ 오늘은 외모 관련 단어를 집중해서 암기할 거예요.

PREVIEW 아는 단어에 체크해 보세요. 아는 단어 ___ / 25개

0101 □ big
0102 □ old
0103 □ young
0104 □ short
0105 □ tall
0106 □ long
0107 □ nice
0108 □ cute
0109 □ pretty
0110 □ lovely
0111 □ handsome
0112 □ beautiful
0113 □ ugly
0114 □ fat
0115 □ thin
0116 □ curly
0117 □ blond
0118 □ special
0119 □ change
0120 □ look like
0121 □ shine
0122 □ neat
0123 □ normal
0124 □ gorgeous
0125 □ describe

Basic

Voca Coach

0101 **big**

[big]

b

형 큰

A **big** bear came close to me.

큰 곰 한 마리가 나에게 가까이 왔다.

≒ large

↔ small 작은

0102 **old**

[ould]

d

형 늙은, 나이 많은; 오래된; 나이가 ~인

There is an **old** man on the boat.

배 위에 나이 많은 남자가 한 명 있다.

My bike is very old.

내 자전거는 매우 오래되었다.

↔ young 어린

new 새로운

0103 **young**

[jʌŋ]

ng

형 어린, 젊은

The lady is with her **young** child.

그 여성은 그녀의 어린 아이와 함께 있다.

↔ old 늙은

0104 **short**

[ʃɔːrt]

rt

형 짧은, 키가 작은

My dog has **short** legs.

나의 강아지는 짧은 다리를 가지고 있다.

↔ long 긴

tall 키가 큰

0105 **tall**

[tɔːl]

ta

형 키가 큰, 높은

Her brother is very **tall**.

그녀의 오빠는 키가 매우 크다.

↔ short 키가 작은

0106 **long**

[lɔ(ː)ŋ]

ng

형 긴

Sara is wearing a **long** skirt.

Sara는 긴 치마를 입고 있다.

↔ short 짧은

Voca Coach

0107 nice

[nais]

n

형 좋은, 멋진; 친절한

You look **nice** in that jacket.

너는 그 재킷이 잘 어울린다.

The teacher is nice to us.

그 선생님은 우리에게 친절하시다.

0108 cute

[kjuːt]

e

형 귀여운

These puppies are **cute**.

이 강아지들은 귀엽다.

Intermediate

0109 pretty

[príti]

pre

형 예쁜

His sister wants a **pretty** doll.

그의 여동생은 예쁜 인형을 원한다.

pretty는 '매우, 꽤' 라는 뜻의 부사로도 쓰여요.

It's pretty big.

그것은 꽤 크다.

0110 lovely

[lʌ́vli]

ly

형 사랑스러운

Look at the **lovely** girls!

사랑스러운 소녀들을 봐!

명 love(사랑)+-ly('상태'를 나타내는 접미사)

0111 handsome

[hǽnsəm]

some

형 잘생긴, 멋진

The **handsome** man smiled at me.

그 잘생긴 남자가 나에게 미소 지었다.

≒ good-looking 잘생긴

0112 beautiful

[bjúːtəfəl]

ful

형 아름다운

He got married to a **beautiful** woman.

그는 아름다운 여성과 결혼했다.

명 beauty(아름다움)+-ful('가득한'을 뜻하는 접미사)

0113 **ugly** [ʌgli]
y

형 **못생긴, 미운**
The **ugly** duckling became a beautiful swan.
못생긴 새끼 오리는 아름다운 백조가 되었다.

0114 **fat** [fæt]
f

형 **뚱뚱한, 살찐**
My cat is too **fat**.
내 고양이는 너무 뚱뚱하다.

↔ thin 날씬한, 마른
fat은 '지방, 기름'이라는 뜻으로도 쓰여요.
low-fat milk 저지방 우유

0115 **thin** [θin]
n

형 **날씬한, 마른, 가는**
The man looks **thin**.
그 남자는 말라 보인다.

↔ fat 뚱뚱한, 살찐

0116 **curly** [kə́ːrli]
y

형 **곱슬곱슬한, 둥글게 말린**
The boy with **curly** hair is my nephew.
곱슬머리의 소년은 나의 조카이다.

동 curl(동그랗게 말다) + -(l)y('상태'를 뜻하는 접미사)
↔ straight 곧은, 일직선의

0117 **blond** [blɑnd]
bl

형 **금발인**
She likes her **blond** hair.
그녀는 그녀의 금발 머리를 좋아한다.

0118 **special** [spéʃəl]
spe

형 **특별한**
This is my **special** hat for the party.
이것은 파티를 위한 나의 특별한 모자이다.

0119 **change** [tʃeindʒ]
ge

동 **바꾸다** 명 **변화**
Did you **change** your hairstyle?
너는 머리 모양을 바꿨니?

He is afraid of change.
그는 변화를 두려워한다.

0120 look like

~처럼 보이다, ~처럼 생기다

The baby **looks like** an angel.

그 아기는 천사처럼 보인다.

Advanced

0121 **shine** [ʃain]

ne

동 빛나다, 비추다

Your shoes **shine** like new ones.

너의 신발이 새것처럼 빛난다.

shine은 '빛'이라는 뜻으로도 쓰여요.

명 sunshine 햇빛

0122 **neat** [niːt]

n

형 깔끔한, 단정한

My father's suit is always **neat** and clean.

나의 아버지의 정장은 언제나 단정하고 깔끔하다.

0123 **normal** [nɔ́ːrməl]

nor

형 평범한, 정상적인

What is a **normal** weight for my age?

내 나이에 정상 체중은 무엇일까요?

≒ ordinary 보통의, 정상의

0124 **gorgeous** [gɔ́ːrdʒəs]

gor

형 멋진, 우아한

The lady wore a **gorgeous** red dress.

그 부인은 멋진 빨간 드레스를 입었다.

0125 **describe** [diskráib]

des

동 묘사하다

Can you **describe** his face?

너는 그의 얼굴을 묘사할 수 있니?

명 description 묘사

Daily Check

정답 p.306

A 영어는 우리말로, 우리말은 영어로 쓰시오.

01 big
02 old
03 tall
04 fat
05 normal
06 long
07 nice
08 cute
09 blond
10 lovely
11 look like
12 beautiful
13 ugly
14 깔끔한, 단정한
15 날씬한, 마른, 가는
16 곱슬곱슬한
17 바꾸다; 변화
18 특별한
19 짧은, 키가 작은
20 빛나다, 비추다
21 잘생긴, 멋진
22 어린, 젊은
23 예쁜
24 멋진, 우아한
25 묘사하다

B 다음 표현을 우리말로 쓰시오.

01 a big bear
02 her blond hair
03 the lovely girls
04 a normal weight
05 describe his face

C 빈칸에 알맞은 단어를 쓰시오.

01 old ↔ ______________ = 늙은 ↔ 젊은

02 ______________ ↔ short = 키가 큰 ↔ 키가 작은

03 ______________ ↔ short = 길이가 긴 ↔ 길이가 짧은

04 fat ↔ ______________ = 뚱뚱한, 살찐 ↔ 날씬한, 마른

05 beauty : ______________ = 아름다움 : 아름다운

06 ______________ : abnormal = 정상적인 : 비정상적인

DAY 05

D 암기한 단어를 이용하여 다음 문장을 완성하시오.

01 그의 여동생은 예쁜 인형을 원한다.

→ His sister wants a __________ doll.

02 너는 머리 모양을 바꿨니?

→ Did you __________ your hairstyle?

03 이것은 파티를 위한 나의 특별한 모자이다.

→ This is my __________ hat for the party.

04 곱슬머리의 소년은 나의 조카이다.

→ The boy with __________ hair is my nephew.

05 그 아기는 천사처럼 보인다.

→ The baby __________ __________ an angel.

주어가 3인칭 단수이므로 동사에 -s를 붙여요.

06 나의 아버지의 정장은 언제나 단정하고 깔끔하다.

→ My father's suit is always __________ and clean.

누적 테스트

* 꼭 암기해야 하는 중요도 최상의 단어들을 확인하세요.

A 영어를 우리말로 쓰시오.

01	girl	**11**	close
02	normal	**12**	teenager
03	secret	**13**	polite
04	careful	**14**	care
05	relative	**15**	short
06	people	**16**	prince
07	special	**17**	handsome
08	introduce	**18**	live
09	clever	**19**	shy
10	uncle	**20**	friendship

B 우리말을 영어로 쓰시오.

01	아들	**11**	기다리다
02	용감한	**12**	여자
03	아이, 어린이	**13**	반 친구, 급우
04	돕다; 도움	**14**	손주
05	가족, 식구	**15**	버릇없는, 무례한
06	아름다운	**16**	어린, 젊은
07	정직한	**17**	나이
08	외국인	**18**	이기적인
09	만나다; 모이다	**19**	사촌
10	바꾸다; 변화	**20**	빛나다, 비추다

정답 p.306

C 다음 표현을 우리말로 쓰시오.

01 a long skirt ____________

02 a gentle voice ____________

03 family members ____________

04 a humorous lady ____________

05 join the music club ____________

06 a woman at the table ____________

D 암기한 단어를 이용하여 다음 문장을 완성하시오.

01 나는 어리석은 실수를 했다.

→ I made a __________ mistake.

02 그 일은 따분하고 지루했다.

→ The job was __________ and boring.

03 무대 위의 저 사람을 봐!

→ Look at the __________ on the stage!

04 우리는 어제 우리 할머니를 방문했다.

→ We visited our __________ yesterday.

05 Amy는 그녀의 언니와 방을 함께 쓴다.

→ Amy __________ a room with her sister.

주어 Amy가 3인칭 단수이므로 동사에 -s를 붙여서 써요.

06 그 아기는 천사처럼 보인다.

→ The baby __________ __________ an angel.

like는 '좋아하다'라는 뜻 외에도 '~처럼'이라는 뜻도 있어요.

월
일
DAY
06

Jobs

오늘은 직업 관련 단어를 집중해서 암기할 거예요.

PREVIEW 아는 단어에 체크해 보세요. 아는 단어 ___ / 25개

- 0126 □ job
- 0127 □ become
- 0128 □ work
- 0129 □ worker
- 0130 □ farmer
- 0131 □ vet
- 0132 □ writer
- 0133 □ reporter
- 0134 □ police
- 0135 □ police officer
- 0136 □ firefighter
- 0137 □ sailor
- 0138 □ pilot
- 0139 □ director
- 0140 □ lawyer
- 0141 □ barber
- 0142 □ designer
- 0143 □ dentist
- 0144 □ scientist
- 0145 □ company
- 0146 □ president
- 0147 □ engineer
- 0148 □ librarian
- 0149 □ producer
- 0150 □ professor

Basic

Voca Coach

0126 **job**

[dʒɑb]

j ▢

명 **일, 직업, 직장**

She has a **job** as a teacher.

그녀는 교사라는 직업을 가지고 있다.

Good job!은 '잘했어!'라는 의미로 칭찬할 때 쓰는 표현이에요.

0127 **become**

[bikʌ́m]

▢ come

통 **~이 되다**

He later **became** a doctor.

그는 나중에 의사가 되었다.

(과거형)
became-become

0128 **work**

[wəːrk]

wo ▢

통 **일하다, 근무하다** 명 **일, 업무**

He **works** at home.

그는 집에서 일한다.

I have a lot of work to do.
나는 해야 할 일이 많다.

0129 **worker**

[wə́ːrkər]

▢ er

명 **일하는 사람, 근로자**

How many **workers** are in the building?

그 건물에는 얼마나 많은 근로자들이 있나요?

통 work(일하다)+-er('~하는 사람'을 뜻하는 접미사)

0130 **farmer**

[fɑ́ːrmər]

▢ er

명 **농부, 농장주**

Farmers work hard all year.

농부들은 일 년 내내 열심히 일한다.

통 farm(농사를 짓다)
+-er

0131 **vet**

[vet]

v ▢

명 **수의사**

The **vet** cured my pet turtle.

그 수의사가 나의 반려 거북을 치료해 주었다.

DAY 06

Intermediate

Voca Coach

0132 writer [ráitər]

r

명 작가

I saw a famous **writer** at the bookstore.

나는 서점에서 유명한 작가를 봤다.

동 write(글을 쓰다) + -er

0133 reporter [ripɔ́ːrtər]

er

명 기자

The **reporter** was excited by the news.

그 기자는 그 소식에 흥분했다.

동 report(보고하다) + -er

0134 police [pəlíːs]

ce

명 경찰

In case of emergency, call the **police**.

비상시에는 경찰을 부르세요.

0135 police officer [pəlíːs ɔ̀fisər]

명 경찰관

A **police officer** is standing outside the door.

한 경찰관이 문밖에 서 있다.

≒ policeman

police office 경찰서

0136 firefighter [fáiərfàitər]

fire

명 소방관

The **firefighter** saved a kid from the fire.

그 소방관이 화재에서 한 아이를 구했다.

fire(불) + fight(싸우다) + -er

불과 싸우는 사람이라는 뜻이에요.

0137 sailor [séilər]

or

명 선원, 뱃사람

He worked as a **sailor**.

그는 선원으로 일했다.

동 sail(항해하다) + -or ('~하는 사람'을 뜻하는 접미사)

Voca Coach

0138 **pilot**
[páilət]
pi

명 조종사, 비행사
The **pilot** landed the plane safely.
그 조종사는 안전하게 비행기를 착륙시켰다.

0139 **director**
[diréktər]
direct

명 감독
The **director** won an Academy Award.
그 감독은 아카데미상을 받았다.

0140 **lawyer**
[lɔ́:jər]
yer

명 변호사
Is she a smart **lawyer**?
그녀는 똑똑한 변호사인가요?

명 law(법)+-yer('~하는 사람'을 뜻하는 접미사)

0141 **barber**
[bá:rbər]
ber

명 이발사
An old **barber** cut my hair.
나이 든 이발사가 나의 머리를 깎아 주었다.

0142 **designer**
[dizáinər]
er

명 디자이너, 설계자
The **designers** made beautiful clothes.
디자이너들은 아름다운 옷을 만들었다.

동 design(디자인하다)+-er

0143 **dentist**
[déntist]
ist

명 치과 의사
Children are afraid of **dentists**.
아이들은 치과 의사를 무서워한다.

go to the dentist
치과에 가다

0144 **scientist**
[sáiəntist]
ist

명 과학자
The **scientist** is curious about the moon.
그 과학자는 달에 관해 궁금해한다.

명 science(과학)+-ist('~에 전문적인 사람'을 뜻하는 접미사)

0145 ☐☐☐ **company** [kʌ́mpəni] com ▒▒▒

명 회사
My father runs a small **company**.
나의 아버지는 작은 회사를 운영하신다.

company는 '동료들, 친구들'을 의미할 때도 써요.

Advanced

0146 ☐☐☐ **president** [prézidənt] ▒▒▒ dent

명 대통령, 회장
President Lincoln was a wise man.
링컨 대통령은 현명한 사람이었다.

0147 ☐☐☐ **engineer** [èndʒəníər] ▒▒▒ er

명 기술자
We need software **engineers**.
우리는 소프트웨어 기술자들이 필요하다.

명 engine(엔진, 기계) + -er

0148 ☐☐☐ **librarian** [laibrέ(:)əriən] ▒▒▒ an

명 (도서관의) 사서
I asked a **librarian** about the book.
나는 그 책에 대해 사서에게 물어보았다.

명 library(도서관) + -an ('~의 사람'을 뜻하는 접미사)

0149 ☐☐☐ **producer** [prədjúːsər] ▒▒▒ cer

명 생산자, 제작자
Steve wanted to be a movie **producer**.
Steve는 영화 제작자가 되기를 원했다.

동 produce(생산하다, 만들다) + -er

0150 ☐☐☐ **professor** [prəfésər] ▒▒▒ ssor

명 교수
Students like the **professor**.
학생들은 그 교수를 좋아한다.

Daily Check

정답 p.306

A 영어는 우리말로, 우리말은 영어로 쓰시오.

01 job
02 dentist
03 work
04 barber
05 farmer
06 vet
07 writer
08 producer
09 police
10 police officer
11 company
12 sailor
13 pilot
14 감독
15 변호사
16 (도서관의) 사서
17 소방관
18 기술자
19 과학자
20 디자이너, 설계자
21 대통령, 회장
22 ~이 되다
23 일하는 사람, 근로자
24 기자
25 교수

B 다음 표현을 우리말로 쓰시오.

01 her job
02 an old barber
03 call the police
04 work as a sailor
05 President Lincoln

C 빈칸에 알맞은 단어를 쓰시오.

01 write : ____________ = 글을 쓰다 : 작가

02 library : ____________ = 도서관 : (도서관의) 사서

03 ____________ : science = 과학자 : 과학

04 law : ____________ = 법 : 변호사

05 ____________ : worker = 일하다 : 일하는 사람, 근로자

06 engine : ____________ = 엔진, 기계 : 기술자

D 암기한 단어를 이용하여 다음 문장을 완성하시오.

01 나의 아버지는 작은 회사를 운영하신다.

→ My father runs a small ____________.

02 그 수의사가 나의 반려 거북을 치료해 주었다.

→ The ____________ cured my pet turtle.

03 그 조종사는 안전하게 비행기를 착륙시켰다.

→ The ____________ landed the plane safely.

04 Steve는 영화 제작자가 되기를 원했다.

→ Steve wanted to be a movie ____________.

05 그 건물에는 얼마나 많은 근로자들이 있나요?

→ How many ____________ are in the building?

'근로자들'은 여러 명, 즉 복수이므로 -s를 붙여요.

06 한 경찰관이 문밖에 서 있다.

→ A ____________ ____________ is standing outside the door.

월
일
DAY 07

Emotions & Feelings Ⅰ

☑ 오늘은 감정과 기분 관련 단어를 집중해서 암기할 거예요.

PREVIEW 아는 단어에 체크해 보세요. 아는 단어 ___ / 25개

0151 □ happy
0152 □ fine
0153 □ glad
0154 □ sad
0155 □ tired
0156 □ angry
0157 □ upset
0158 □ afraid
0159 □ worried
0160 □ scared
0161 □ bored
0162 □ excited
0163 □ merry
0164 □ lonely
0165 □ serious
0166 □ proud
0167 □ shame
0168 □ pity
0169 □ feeling
0170 □ surprised
0171 □ interested
0172 □ pleased
0173 □ uneasy
0174 □ nervous
0175 □ emotion

Basic

Voca Coach

0151 **happy** [hǽpi]
ha ____

형 **행복한**
They look **happy**.
그들은 행복해 보인다.

명 happiness 행복
↔ unhappy 기쁘지 않은

0152 **fine** [fain]
fi ____

형 **좋은, 멋진; 건강한**
Today is a **fine** day.
오늘은 멋진 날이다.

≒ good
fine은 명사로 '벌금'이라는 뜻이 있어요.

0153 **glad** [glæd]
g ____

형 **기쁜, 반가운**
I'm **glad** to see you.
너를 만나서 반가워.

≒ happy, pleased 기쁜, 행복한

0154 **sad** [sæd]
____ d

형 **슬픈**
His family was very **sad**.
그의 가족은 매우 슬펐다.

명 sadness 슬픔
↔ happy 행복한

0155 **tired** [taiərd]
____ d

형 **피곤한, 지친; 싫증 난**
The singer was very **tired** after the concert.
그 가수는 콘서트 후 매우 피곤했다.

0156 **angry** [ǽŋgri]
an ____

형 **화가 난, 성난**
My mom is **angry** at me.
나의 엄마는 나에게 화가 나셨다.

명 anger 화, 분노
≒ upset 속상한

Intermediate

Voca Coach

0157 upset [ʌpsét] ___ set

형 속상한, 마음이 상한, 화난

She was **upset** with her friends.

그녀는 그녀의 친구들에게 마음이 상했다.

≒ angry 화가 난

0158 afraid [əfréid] af ___

형 겁내는, 무서워하는

He is **afraid** of bugs.

그는 벌레를 무서워한다.

be afraid of의 형태로 많이 써요.

0159 worried [wə́ːrid] ___ ed

형 걱정하는

We're **worried** about the exam.

우리는 그 시험에 대해 걱정한다.

worry 동 걱정하다 명 걱정

0160 scared [skɛərd] ___ d

형 무서워하는, 겁먹은

Some people are **scared** of cats.

어떤 사람들은 고양이를 무서워한다.

동 scare 겁주다

0161 bored [bɔːrd] ___ d

형 지루해하는, 따분해하는

I got **bored** waiting for the bus.

나는 버스를 기다리다 지루해졌다.

↔ excited 신나는

0162 excited [iksáitid] ___ d

형 신나는, 흥분한, 들뜬

Children are **excited** about the presents.

아이들이 선물에 흥분해 있다.

명 excitement 흥분, 신남
↔ bored 지루해하는

DAY 07

0163 **merry**
[méri]
me

형 **즐거운, 명랑한**
Merry Christmas, everyone!
즐거운 크리스마스, 모두들!

≒ happy 행복한

0164 **lonely**
[lóunli]
ly

형 **외로운, 쓸쓸한**
A **lonely** man lives alone in a small house.
외로운 남자가 작은 집에 혼자 산다.

0165 **serious**
[sí(:)əriəs]
se

형 **심각한, 진지한**
The doctor looks very **serious**.
그 의사는 매우 심각해 보인다.

0166 **proud**
[praud]
pr

형 **자랑스러운; 거만한**
My parents are **proud** of me.
나의 부모님은 나를 자랑스러워하신다.

명 pride 자랑스러움, 자부심
be proud of ~을 자랑스러워하다

0167 **shame**
[ʃeim]
me

명 **창피함, 수치심; 유감**
She feels **shame** because of her lies.
그녀는 자신의 거짓말 때문에 창피함을 느낀다.

형 shameful 수치스러운

0168 **pity**
[píti]
p

명 **연민, 동정심; 유감**
I don't want your **pity**.
나는 너의 동정을 원하지 않아.

형 pitiful 가엾은, 측은한

0169 **feeling**
[fí:liŋ]
ing

명 **느낌, 기분**
Her **feelings** changed after the class.
그녀의 기분은 수업 후에 바뀌었다.

≒ emotion 감정
동 feel 느끼다

Advanced

Voca Coach

0170 ☐☐☐ **surprised** [sərpráizd] sur ______

형 놀란

His relatives were **surprised** by the news.

그의 친척들은 그 소식에 깜짝 놀랐다.

surprise 동 놀라게 하다 명 놀람; 뜻밖의 일

0171 ☐☐☐ **interested** [íntərəstid] inte ______

형 흥미를 느끼는, 관심 있는

My nephew is **interested** in science.

나의 조카는 과학에 흥미가 있다.

≒ curious 호기심 많은
↔ uninterested 무관심한

0172 ☐☐☐ **pleased** [pli:zd] ______ d

형 기쁜, 만족해하는

I'm **pleased** to help you.

당신을 돕게 되어 기뻐요.

↔ unpleased 기쁘지 않은

0173 ☐☐☐ **uneasy** [ʌní:zi] un ______

형 불안한, 걱정되는, 불편한

Rain made the farmer **uneasy**.

비가 농부를 불안하게 만들었다.

un-('반대'를 나타내는 접두사)+형 easy(쉬운, 편안한)

0174 ☐☐☐ **nervous** [nə́:rvəs] ______ ous

형 긴장한, 불안한

My brother feels **nervous** on the plane.

나의 남동생은 비행기에서 불안해한다.

명 nerve(긴장, 불안) +-ous('어떤 성질을 지님'을 나타내는 접미사)

0175 ☐☐☐ **emotion** [imóuʃən] ______ tion

명 감정, 정서

We can see strong **emotions** in her picture.

우리는 그녀의 그림에서 강한 감정들을 볼 수 있다.

형 emotional 감정적인, 감정의
≒ feeling 기분, 느낌

DAY 07

Daily Check

정답 p.306

A 영어는 우리말로, 우리말은 영어로 쓰시오.

01	feeling		**14**	외로운, 쓸쓸한	
02	fine		**15**	심각한, 진지한	
03	shame		**16**	자랑스러운; 거만한	
04	pleased		**17**	감정, 정서	
05	uneasy		**18**	연민, 동정심; 유감	
06	glad		**19**	걱정하는	
07	upset		**20**	놀란	
08	afraid		**21**	피곤한; 싫증 난	
09	nervous		**22**	슬픈	
10	scared		**23**	지루해하는, 따분해하는	
11	happy		**24**	화가 난	
12	excited		**25**	흥미를 느끼는, 관심 있는	
13	merry				

B 다음 표현을 우리말로 쓰시오.

01	a fine day	
02	a lonely man	
03	afraid of bugs	
04	merry Christmas	
05	interested in science	

C 빈칸에 알맞은 단어를 쓰시오.

01 ________________ ↔ unhappy = 행복한 ↔ 불행한

02 glad ↔ ________________ = 기쁜 ↔ 슬픈

03 anger : ________________ = 화, 분노 : 화가 난, 성난

04 worry : ________________ = 걱정하다 : 걱정하는

05 ________________ ↔ bored = 신나는 ↔ 지루해하는

06 pride : ________________ = 자랑스러움 : 자랑스러운

D 암기한 단어를 이용하여 다음 문장을 완성하시오.

01 나는 너의 동정을 원하지 않아.

→ I don't want your ___________.

02 그 의사는 매우 심각해 보인다.

→ The doctor looks very ___________.

03 그녀의 기분은 수업 후에 바뀌었다.

→ Her ___________s changed after the class.

04 나의 남동생은 비행기에서 불안해한다.

→ My brother feels ___________ on the plane.

05 그의 친척들은 그 소식에 깜짝 놀랐다.

→ His relatives were ___________ by the news.

06 그녀는 자신의 거짓말 때문에 창피함을 느낀다.

→ She feels ___________ because of her lies.

DAY 07

월
일

DAY 08

Emotions & Feelings Ⅱ

☑ 오늘은 감정과 기분 관련 단어를 집중해서 암기할 거예요.

PREVIEW 아는 단어에 체크해 보세요. 아는 단어 / 25개

0176 □ love
0177 □ like
0178 □ thank
0179 □ smile
0180 □ cry
0181 □ sorry
0182 □ tear
0183 □ clap
0184 □ hate
0185 □ shout
0186 □ try
0187 □ yell
0188 □ miss
0189 □ lucky
0190 □ mad
0191 □ joy
0192 □ sure
0193 □ cheer up
0194 □ feel like
0195 □ not ~ at all
0196 □ excuse
0197 □ complain
0198 □ pleasure
0199 □ calm down
0200 □ laugh at

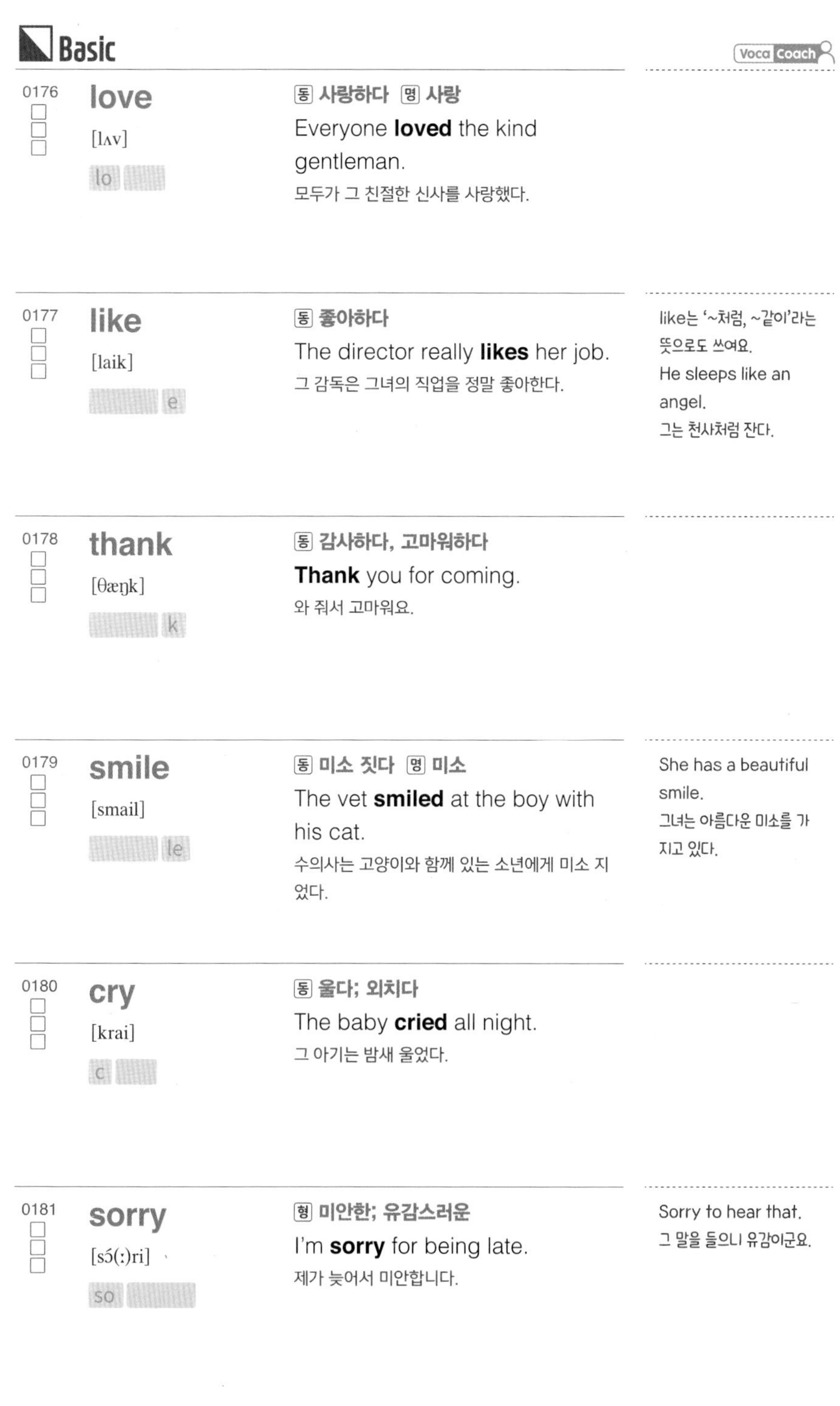

Basic

Voca Coach

0176 **love** [lʌv] lo

통 사랑하다 명 사랑

Everyone **loved** the kind gentleman.

모두가 그 친절한 신사를 사랑했다.

0177 **like** [laik] e

통 좋아하다

The director really **likes** her job.

그 감독은 그녀의 직업을 정말 좋아한다.

like는 '~처럼, ~같이'라는 뜻으로도 쓰여요.

He sleeps like an angel.

그는 천사처럼 잔다.

0178 **thank** [θæŋk] k

통 감사하다, 고마워하다

Thank you for coming.

와 줘서 고마워요.

0179 **smile** [smail] le

통 미소 짓다 명 미소

The vet **smiled** at the boy with his cat.

수의사는 고양이와 함께 있는 소년에게 미소 지었다.

She has a beautiful smile.

그녀는 아름다운 미소를 가지고 있다.

0180 **cry** [krai] c

통 울다; 외치다

The baby **cried** all night.

그 아기는 밤새 울었다.

0181 **sorry** [sɔ́(:)ri] so

형 미안한; 유감스러운

I'm **sorry** for being late.

제가 늦어서 미안합니다.

Sorry to hear that.

그 말을 들으니 유감이군요.

Voca Coach

0182 **tear**
[tiər]
t

명 눈물
Tears came out from her eyes.
그녀의 눈에서 눈물이 나왔다.

tear[tεər]는 '찢다'라는 뜻의 동사로도 쓰여요.
Don't tear this paper.
이 종이를 찢지 마세요.

Intermediate

0183 **clap**
[klæp]
c

동 박수를 치다
Clap your hands.
박수를 치세요.

0184 **hate**
[heit]
ha

동 싫어하다, 미워하다
Why do you **hate** him?
너는 왜 그를 싫어하니?

↔ like, love 좋아하다

0185 **shout**
[ʃaut]
t

동 소리치다
Someone **shouted** from the window.
누군가가 창문에서 소리쳤다.

≒ yell

0186 **try**
[trai]
t

동 노력하다; 시도하다
The librarian **tried** to find the book.
그 사서는 그 책을 찾으려고 노력했다.

0187 **yell**
[jel]
y

동 소리 지르다, 소리치다
The angry driver **yelled** at him.
화난 운전자가 그에게 소리를 질렀다.

≒ shout

Voca Coach

0188 miss
[mis]
mi

동 그리워하다; 놓치다
My grandfather **misses** his hometown.
나의 할아버지는 고향을 그리워하신다.

We missed the train.
우리는 기차를 놓쳤다.

0189 lucky
[lʌ́ki]
ky

형 운이 좋은, 행운의, 다행의
We're **lucky** to get it.
우리가 그것을 얻다니 운이 좋다.

명 luck 운, 행운
Good luck! 행운을 빌어!

0190 mad
[mæd]
m

형 매우 화가 난
Their parents are **mad** at the twins.
그들의 부모님이 쌍둥이에게 매우 화가 나 있다.

≒ angry 화가 난

0191 joy
[dʒɔi]
j

명 기쁨, 환희
They jumped for **joy**.
그들은 기뻐서 펄쩍 뛰었다.

형 joyful 기쁜, 기쁨에 찬

0192 sure
[ʃuər]
s

형 확신하는, 확실한
I'm not **sure** about it.
나는 그것에 대해 확신하지 않는다.

↔ unsure 확신하지 못하는

0193 cheer up

격려하다, 응원하다
She told the sad boy to **cheer up**.
그녀는 슬픈 소년에게 힘내라고 말했다.

Cheer up!은 '힘내!'라는 격려와 응원의 말로 자주 써요.

0194 feel like

~하고 싶다, ~한 느낌이 들다
I **feel like** going home now.
나는 지금 집에 가고 싶다.

주로 <feel like + -ing> 형태로 쓰여요.

DAY 08

0195 ☐☐☐ **not ~ at all**

전혀 ~ 아니다
She did**n't** enjoy the party **at all**.
그녀는 그 파티를 전혀 즐기지 않았다.

Not at all.은 감사 인사를 받았을 때 '천만에.'라는 뜻으로 쓰여요.

Advanced

0196 ☐☐☐ **excuse** [ikskjú:z]
cu

㊐ **용서하다, 봐주다**
Please **excuse** my son's rudeness.
내 아들의 무례함을 용서하세요.

excuse[ikskjú:s]는 명사로 '변명, 핑계'라는 뜻으로도 쓰여요.
Don't make excuses.
핑계 대지 마.

0197 ☐☐☐ **complain** [kəmpléin]
com

㊐ **불평하다, 항의하다**
He **complained** about the service.
그는 서비스에 대해 불평했다.

㊎ complaint 불평, 항의

0198 ☐☐☐ **pleasure** [pléʒər]
plea

㊎ **기쁨**
It's my **pleasure** to help you.
당신을 돕게 되어 기쁩니다.

㊐ please(기쁘게 하다) + -ure ('~함'을 뜻하는 접미사)

0199 ☐☐☐ **calm down**

진정하다, ~을 진정시키다
Can you **calm down** and listen to me?
진정하고 내 말을 들어 줄래?

0200 ☐☐☐ **laugh at**

~을 비웃다
People **laughed at** his foolish joke.
사람들은 그의 바보 같은 농담을 비웃었다.

Daily Check

정답 p.306

A 영어는 우리말로, 우리말은 영어로 쓰시오.

01 cry

02 like

03 mad

04 love

05 joy

06 hate

07 shout

08 clap

09 feel like

10 pleasure

11 try

12 yell

13 not ~ at all

14 운이 좋은, 행운의

15 그리워하다; 놓치다

16 미소 짓다; 미소

17 확신하는, 확실한

18 격려하다, 응원하다

19 진정하다, 진정시키다

20 미안한; 유감스러운

21 용서하다, 봐주다

22 불평하다, 항의하다

23 감사하다, 고마워하다

24 눈물

25 ~을 비웃다

B 다음 표현을 우리말로 쓰시오.

01 yell at him

02 like her job

03 jump for joy

04 smile at the boy

05 feel like going home

C 빈칸에 알맞은 단어를 쓰시오.

01 like ↔ ______________ = 좋아하다 ↔ 싫어하다

02 cry : ______________ = 울다 : 눈물

03 ______________ : complaint = 불평하다 : 불평

04 ______________ : joyful = 기쁨, 환희 : 기쁜, 기쁨에 찬

05 luck : ______________ = 운, 행운 : 운이 좋은

06 ______________ : unsure = 확신하는 : 확신하지 못하는

D 암기한 단어를 이용하여 다음 문장을 완성하시오.

01 와 줘서 고마워요.

→ __________ you for coming.

02 제가 늦어서 미안합니다.

→ I'm __________ for being late.

03 나의 할아버지는 고향을 그리워하신다.

→ My grandfather __________ his hometown.

주어가 3인칭 단수이므로 동사에 -(e)s가 붙어요.

04 그녀는 슬픈 소년에게 힘내라고 말했다.

→ She told the sad boy to __________ __________.

05 사람들은 그의 바보 같은 농담을 비웃었다.

→ People __________ed __________ his foolish joke.

06 진정하고 내 말을 들어 줄래?

→ Can you __________ __________ and listen to me?

월
일
DAY
09

Thoughts

☑ 오늘은 생각 관련 단어를 집중해서 암기할 거예요.

think

PREVIEW 아는 단어에 체크해 보세요. 아는 단어 ___ / 25개

0201 ☐ idea
0202 ☐ dream
0203 ☐ heart
0204 ☐ want
0205 ☐ plan
0206 ☐ think
0207 ☐ thought
0208 ☐ know
0209 ☐ need
0210 ☐ hope
0211 ☐ wish
0212 ☐ guess
0213 ☐ stress
0214 ☐ fact
0215 ☐ mind
0216 ☐ question
0217 ☐ understand
0218 ☐ decide
0219 ☐ believe
0220 ☐ forget
0221 ☐ remember
0222 ☐ wonder
0223 ☐ accept
0224 ☐ give up
0225 ☐ because of

0201 **idea** [aidí(:)ə]

i ____

명 발상, 생각, 아이디어

The company wanted creative **ideas**.

그 회사는 창의적인 아이디어를 원했다.

0202 **dream** [dri:m]

dr ____

명 꿈 동 꿈꾸다

You can talk about your **dream**.

너는 네 꿈에 대해 이야기할 수 있어.

I dream of becoming a vet.
나는 수의사가 되는 것을 꿈꾼다.

0203 **heart** [hɑːrt]

____ t

명 마음; 심장

She has a warm **heart**.

그녀는 따뜻한 마음을 가지고 있다.

heart attack 심장 마비

0204 **want** [wɑnt]

w ____

동 원하다, 바라다, ~하고 싶다

My cousin **wants** a bike.

내 사촌은 자전거를 원한다.

0205 **plan** [plæn]

pl ____

명 계획 동 계획하다

What are your **plans** for this Christmas?

너의 이번 크리스마스 계획은 뭐니?

We planned a trip to Spain.
우리는 스페인 여행을 계획했다.

0206 **think** [θiŋk]

th ____

동 생각하다

What do you **think** about your job?

너는 네 직업에 대해 어떻게 생각하니?

(과거형)
thought-thought
명 thought 생각

Intermediate

Voca Coach

0207 **thought** [θɔːt] th

명 생각

Please give me your **thoughts** on this.

이것에 대한 당신의 생각[의견]을 나에게 주세요.

동 think 생각하다

0208 **know** [nou] ow

동 알다, 알고 있다

They didn't **know** the answer.

그들은 답을 알지 못했다.

(과거형) knew-known

0209 **need** [niːd] n

동 필요로 하다 명 필요

He **needed** an engineer to fix it.

그는 그것을 수리할 기술자가 필요했다.

There is a need for change.

변화할 필요가 있다.

0210 **hope** [houp] ho

동 바라다, 희망하다 명 희망

We **hope** to see you again soon.

우리는 당신과 곧 다시 만나기를 바랍니다.

He is our last hope.

그가 우리의 마지막 희망이다.

0211 **wish** [wiʃ] wi

동 바라다, ~하고 싶다 명 소원

He **wishes** to be a designer.

그는 디자이너가 되고 싶어 한다.

three wishes 세 가지 소원

0212 **guess** [ges] ss

동 추측하다, 짐작하다 명 추측

Can you **guess** her nickname?

너는 그녀의 별명을 추측할 수 있겠니?

0213 **stress** [stres]

st

명 **스트레스, 압박**

Pilots get a lot of **stress** during flights.

조종사들은 비행 중에 많은 스트레스를 받는다.

형 stressful 스트레스가 많은

0214 **fact** [fækt]

f

명 **사실**

This story is based on **fact**.

이 이야기는 사실에 기반을 두고 있다.

≒ truth 진실, 사실

0215 **mind** [maind]

mi

명 **마음, 정신, 생각**

Her **mind** is open to everybody.

그녀의 마음은 모두에게 열려 있다.

mind는 '싫어하다, 꺼려하다'라는 뜻으로도 쓰여요.
Do you mind if I join you?
제가 함께해도 될까요?

0216 **question** [kwéstʃən]

tion

명 **질문, 문제**

I asked a serious **question**.

나는 심각한 질문을 했다.

↔ answer 대답

0217 **understand** [ʌ̀ndərstǽnd]

under

동 **이해하다, 알다**

Does Tom **understand** Korean?

Tom은 한국어를 이해하니?

(과거형) understood-understood

0218 **decide** [disáid]

de

동 **결정하다, 결심하다**

My son **decided** to study math in college.

내 아들은 대학에서 수학을 공부하기로 결정했다.

명 decision 결정, 결심

0219 **believe** [bilíːv]

be

동 **믿다, ~이라고 생각하다**

The police officer didn't **believe** the woman.

그 경찰관은 그 여자를 믿지 않았다.

Advanced

Voca Coach

0220 forget

[fərgét]

get

통 잊다, 잊어버리다

I'll never **forget** your kindness.

나는 당신의 친절함을 절대 잊지 않을 거예요.

(과거형) forgot-forgotten

↔ remember 기억하다

0221 remember

[rimémbər]

re

통 기억하다

The clever dog **remembers** the way home.

그 영리한 개는 집에 가는 길을 기억한다.

↔ forget 잊다

0222 wonder

[wʌ́ndər]

won

통 궁금해하다 명 놀라움, 경이

I **wondered** about his secret friend.

나는 그의 비밀 친구에 대해 궁금했다.

the Seven Wonders of the World 세계 7대 불가사의

형 wonderful 놀랄 만한, 훌륭한

0223 accept

[əksépt]

ac

통 받아들이다, 수락하다

They didn't want to **accept** the fact.

그들은 그 사실을 받아들이길 원하지 않았다.

0224 give up

(~을) 포기하다

Don't **give up** your dreams!

당신의 꿈들을 포기하지 마세요!

0225 because of

~ 때문에

We stayed at home **because of** the rain.

우리는 비 때문에 집에 머물렀다.

Daily Check

정답 p.307

A 영어는 우리말로, 우리말은 영어로 쓰시오.

01	mind		**14**	마음; 심장	
02	dream		**15**	믿다, ~이라고 생각하다	
03	hope		**16**	질문, 문제	
04	want		**17**	생각하다	
05	plan		**18**	결정하다, 결심하다	
06	fact		**19**	알다, 알고 있다	
07	thought		**20**	필요로 하다; 필요	
08	idea		**21**	기억하다	
09	give up		**22**	궁금해하다; 놀라움	
10	forget		**23**	받아들이다, 수락하다	
11	wish		**24**	추측하다; 추측	
12	because of		**25**	이해하다, 알다	
13	stress				

B 다음 표현을 우리말로 쓰시오.

01 a lot of stress

02 a warm heart

03 creative ideas

04 hope to see you

05 a serious question

C 빈칸에 알맞은 단어를 쓰시오.

01	think : ________	=	생각하다 : 생각
02	forget ↔ ________	=	잊다 ↔ 기억하다
03	________ : knew	=	알다 : 알았다
04	________ : wonderful	=	궁금해하다; 놀라움 : 놀랄 만한, 훌륭한
05	________ : decision	=	결정[결심]하다 : 결정, 결심
06	understood : ________	=	이해했다 : 이해하다

D 암기한 단어를 이용하여 다음 문장을 완성하시오.

01 너는 그녀의 별명을 추측할 수 있겠니?

→ Can you ________ her nickname?

02 너는 네 꿈에 대해 이야기할 수 있어.

→ You can talk about your ________.

03 너의 이번 크리스마스 계획은 뭐니?

→ What are your ________ for this Christmas?

동사 are가 쓰인 것에 유의하세요.

04 당신의 꿈들을 포기하지 마세요!

→ Don't ________ ________ your dreams!

05 그 경찰관은 그 여자를 믿지 않았다.

→ The police officer didn't ________ the woman.

06 우리는 비 때문에 집에 머물렀다.

→ We stayed at home ________ ________ the rain.

'~ 때문에'의 의미로 뒤에 명사가 오면 뒤에 of를 붙여 함께 써요.

DAY 09

월
일
DAY 10

Communication

☑ 오늘은 의사소통 관련 단어를 집중해서 암기할 거예요.

talk

write

PREVIEW 아는 단어에 체크해 보세요. 아는 단어 / 25개

0226 ☐ talk
0227 ☐ speak
0228 ☐ say
0229 ☐ tell
0230 ☐ call
0231 ☐ ask
0232 ☐ answer
0233 ☐ write
0234 ☐ show
0235 ☐ welcome
0236 ☐ mean
0237 ☐ explain
0238 ☐ agree
0239 ☐ text
0240 ☐ letter
0241 ☐ clearly
0242 ☐ loudly
0243 ☐ for example
0244 ☐ discuss
0245 ☐ promise
0246 ☐ receive
0247 ☐ allow
0248 ☐ exchange
0249 ☐ express
0250 ☐ communication

Basic

Voca Coach

0226 **talk**
[tɔːk]
ta

동 말하다, 이야기하다
You need to **talk** with her about it.
너는 그것에 대해 그녀와 이야기할 필요가 있다.

0227 **speak**
[spiːk]
sp

동 말하다, 이야기하다
Ted is **speaking** to foreigners in Chinese.
Ted는 외국인들에게 중국어로 말하고 있다.

(과거형) spoke-spoken
speak가 talk보다 격식이 있는 대화를 하는 느낌이 더 강하고, talk는 친한 사이에 대화하는 느낌이 더 강해요.

0228 **say**
[sei]
s

동 말하다
Can you **say** that again?
다시 한번 말씀해 주실 수 있나요?

(과거형) said-said
say는 흔히 누구의 말을 그대로 옮길 때 쓰여요.
Tom said, "I'm thirsty."
Tom이 "나는 목 말라요."라고 말했다.

0229 **tell**
[tel]
te

동 말하다, 알리다, 전하다
He will **tell** us the good news.
그는 우리에게 좋은 소식을 전할 것이다.

(과거형) told-told
tell은 보통 누구에게 어떤 사실[정보]을 알려 줄 때 쓰여요.
Can you tell me the way to the station?
역까지 가는 길을 알려 주시겠어요?

0230 **call**
[kɔːl]
ca

동 ~이라고 부르다; 전화하다
They **call** their daughter princess.
그들은 그들의 딸을 '공주님'이라고 부른다.

Call me if you need help.
도움이 필요하면 전화해.

0231 **ask**
[æsk]
k

동 묻다, 질문하다; 요청하다
Let me **ask** you some questions.
몇 가지 질문을 드리겠습니다.

He asked me to leave.
그는 나에게 떠나라고 요청했다.

DAY 10

0232 **answer**
[ǽnsər]
an

통 답하다 명 대답, 해답
Will you **answer** my text message?
내 문자 메시지에 답해 주시겠어요?

right[wrong] answer
맞는[틀린] 답

Intermediate

0233 **write**
[rait]
te

통 (글 등을) 쓰다
The reporter is **writing** about the city.
기자는 그 도시에 대한 글을 쓰고 있다.

(과거형) wrote-written

0234 **show**
[ʃou]
ow

통 보여 주다, 드러내다
She **showed** me a picture.
그녀는 나에게 그림 하나를 보여 주었다.

(과거형) showed-shown

0235 **welcome**
[wélkəm]
come

통 환영하다
Welcome to our town.
우리 마을에 오신 것을 환영해요.

You're welcome.
천만에요.[별말씀을요.]

0236 **mean**
[miːn]
m

통 의미하다, 뜻하다
What does your name **mean**?
너의 이름은 무엇을 의미하니?

(과거형) meant-meant
mean은 '못된, 심술궂은'이라는 뜻으로도 쓰여요.
He is a mean old man.
그는 심술궂은 노인이다.

0237 **explain**
[ikspléin]
ex

통 설명하다
Our teacher **explained** the writing topic today.
우리 선생님은 오늘 글쓰기 주제를 설명하셨다.

0238 **agree**
[əgríː]
ag

동 **동의하다, 찬성하다**
Everyone **agreed** with her new idea.
모두가 그녀의 새로운 아이디어에 동의했다.

↔ disagree 동의하지 않다

0239 **text**
[tekst]
t

동 **문자를 보내다** 명 **글, 본문**
Please **text** me his address.
그의 주소를 나에게 문자로 보내 주세요.

0240 **letter**
[létər]
le

명 **편지; 글자, 문자**
I sometimes send **letters** to my relatives.
나는 가끔 나의 친척들에게 편지를 보낸다.

A is the first letter of the alphabet.
'A'는 알파벳의 첫 글자이다.

0241 **clearly**
[klíərli]
ly

부 **분명히, 또렷하게**
Please speak **clearly**.
또렷하게 말해 주세요.

형 clear(분명한, 확실한) + -ly('~하게'를 뜻하는 접미사)

0242 **loudly**
[láudli]
ly

부 **큰 소리로, 시끄럽게**
The boys were talking **loudly**.
그 소년들은 시끄럽게 이야기하고 있었다.

형 loud (큰 소리의, 시끄러운) + -ly
↔ quietly 조용하게

0243 **for example**

예를 들어
Vegetables, **for example**, are good for your health.
예를 들어, 채소는 건강에 좋다.

≒ for instance 예를 들어

Advanced

Voca Coach

0244 **discuss** [diskʌ́s]

dis ______

동 **상의하다, 논의하다**

They **discussed** their plans for their wedding.

그들은 그들의 결혼을 위한 계획을 상의했다.

명 discussion 논의, 상의

0245 **promise** [prámis]

______ mise

동 **약속하다** 명 **약속**

Promise to keep it a secret.

그것을 비밀로 하겠다고 약속하세요.

pinky promise 새끼손가락 걸고 한 약속

0246 **receive** [risíːv]

re ______

동 **받다, 받아들이다**

Jake **received** a letter from Mina.

Jake는 미나로부터 편지를 받았다.

↔ give 주다

0247 **allow** [əláu]

a ______

동 **허락하다, 허용하다**

We won't **allow** you to go out tonight.

우리는 오늘 밤 네가 외출하는 것을 허락하지 않겠다.

0248 **exchange** [ikstʃéindʒ]

ex ______

동 **교환하다, 주고받다** 명 **교환**

Zoe **exchanged** the coupon for coffee.

Zoe는 쿠폰을 커피로 교환했다.

exchange student 교환 학생

0249 **express** [iksprés]

ex ______

동 **나타내다, 표현하다**

The writer **expressed** her emotions in this book.

그 작가는 이 책에서 그녀의 감정을 표현했다.

명 expression 표현

0250 **communication** [kəmjùːnəkéiʃən]

______ ion

명 **의사소통, 연락**

Communication is important in friendship.

우정에서 의사소통은 중요하다.

동 communicate 의사소통하다

정답 p.307

A 영어는 우리말로, 우리말은 영어로 쓰시오.

01 talk
02 loudly
03 say
04 text
05 call
06 ask
07 promise
08 letter
09 show
10 speak
11 mean
12 express
13 for example
14 tell
15 write
16 clearly
17 explain
18 agree
19 discuss
20 welcome
21 receive
22 allow
23 exchange
24 answer
25 communication

B 다음 표현을 우리말로 쓰시오.

01 write about the city
02 welcome to our town
03 tell us the good news
04 answer my text message
05 send letters to my relatives

C 빈칸에 알맞은 단어를 쓰시오.

01 ______________ : disagree = 동의하다 : 동의하지 않다

02 give ↔ ______________ = 주다 ↔ 받다

03 ______________ : discussion = 상의하다 : 상의

04 loud : ______________ = 시끄러운 : 시끄럽게

05 ______________ : expression = 표현하다 : 표현

06 communicate : ______________ = 의사소통하다 : 의사소통

D 암기한 단어를 이용하여 다음 문장을 완성하시오.

01 또렷하게 말해 주세요.

→ Please speak ___________.

clear의 부사형이에요.

02 그것을 비밀로 하겠다고 약속하세요.

→ ___________ to keep it a secret.

03 몇 가지 질문을 드리겠습니다.

→ Let me ask you some ___________.

질문은 셀 수 있는 명사예요.

04 너의 이름은 무엇을 의미하니?

→ What does your name ___________?

05 우리는 오늘 밤 네가 외출하는 것을 허락하지 않겠다.

→ We won't ___________ you to go out tonight.

06 우리 선생님은 오늘 글쓰기 주제를 설명하셨다.

→ Our teacher ___________ed the writing topic today.

DAY 06~10 누적 테스트

* 꼭 암기해야 하는 중요도 최상의 단어들을 확인하세요.

A 영어를 우리말로 쓰시오.

01	work		**11**	surprised	
02	feeling		**12**	firefighter	
03	forget		**13**	decide	
04	lonely		**14**	sorry	
05	shout		**15**	show	
06	promise		**16**	lawyer	
07	president		**17**	like	
08	give up		**18**	speak	
09	loudly		**19**	happy	
10	lucky		**20**	guess	

B 우리말을 영어로 쓰시오.

01	슬픈		**11**	일, 직업, 직장	
02	작가		**12**	질문, 문제	
03	감사하다, 고마워하다		**13**	피곤한; 싫증 난	
04	걱정하는		**14**	환영하다	
05	싫어하다, 미워하다		**15**	농부, 농장주	
06	꿈; 꿈꾸다		**16**	알다, 알고 있다	
07	조종사, 비행사		**17**	설명하다	
08	계획; 계획하다		**18**	불평하다, 항의하다	
09	심각한, 진지한		**19**	동의하다, 찬성하다	
10	답하다; 대답, 해답		**20**	확신하는, 확실한	

C 다음 표현을 우리말로 쓰시오.

01 a fine day ______________

02 yell at him ______________

03 a warm heart ______________

04 become a doctor ______________

05 get a lot of stress ______________

06 tell us the good news ______________

D 암기한 단어를 이용하여 다음 문장을 완성하시오.

01 Tom은 한국어를 이해하니?

→ Does Tom ___________ Korean?

02 Jake는 미나로부터 편지를 받았다.

→ Jake ___________d a letter from Mina.

03 나의 조카는 과학에 흥미가 있다.

→ My nephew is ___________ in science.

04 그 수의사가 나의 반려 거북을 치료해 주었다.

→ The ___________ cured my pet turtle.

05 나는 지금 집에 가고 싶다.

→ I ___________ ___________ going home now.

feel로 시작하는 두 단어의 표현이에요.

06 진정하고 내 말을 들어 줄래?

→ Can you ___________ ___________ and listen to me?

월

일

DAY 11

Senses

☑ 오늘은 감각 관련 단어를 집중해서 암기할 거예요.

PREVIEW 아는 단어에 체크해 보세요. 아는 단어 / 25개

- 0251 □ see
- 0252 □ look
- 0253 □ sweet
- 0254 □ dry
- 0255 □ wet
- 0256 □ hear
- 0257 □ listen
- 0258 □ feel
- 0259 □ touch
- 0260 □ smell
- 0261 □ taste
- 0262 □ sound
- 0263 □ watch
- 0264 □ voice
- 0265 □ noisy
- 0266 □ soft
- 0267 □ hard
- 0268 □ sharp
- 0269 □ sour
- 0270 □ bitter
- 0271 □ scent
- 0272 □ smooth
- 0273 □ sight
- 0274 □ sense
- 0275 □ tickle

Basic

Voca Coach

0251 **see** [siː]
s ___

동 **보다**

Did you **see** him at school?

학교에서 그를 봤니?

(과거형) saw-seen

0252 **look** [luk]
l ___ k

동 **~해 보이다, 보다**

She **looked** beautiful on the stage.

그녀는 무대에서 아름다워 보였다.

look at ~의 형태로 쓸 때, '~을 보다'라고 쓰여요.
Look at the camera!
카메라를 봐!

0253 **sweet** [swiːt]
sw ___

형 **달콤한, 단**

He put some **sweet** honey in his tea.

그는 그의 차에 달콤한 꿀을 조금 넣었다.

↔ sour (맛이) 신

0254 **dry** [drai]
d ___

형 **건조한, 마른**

Please use a **dry** towel after your shower.

샤워 후에는 마른 수건을 사용하세요.

↔ wet

0255 **wet** [wet]
___ t

형 **젖은, 축축한**

The ground is **wet** because of the rain.

비 때문에 땅이 젖어 있다.

↔ dry

0256 **hear** [hiər]
h ___

동 **듣다, 들리다**

I can't **hear** your voice clearly.

나는 너의 목소리를 분명하게 들을 수가 없다.

(과거형) heard-heard

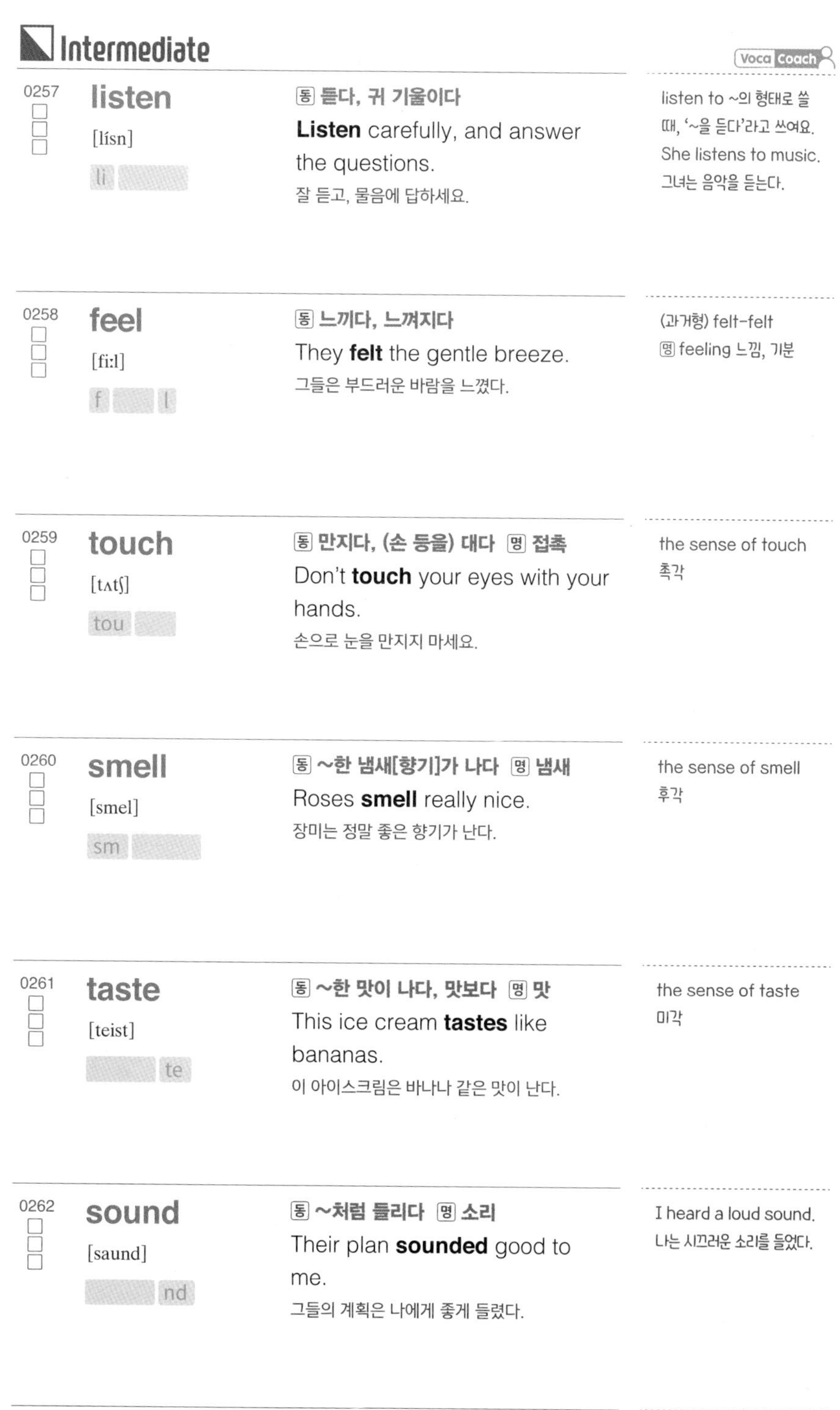

Intermediate

Voca Coach

0257 **listen** [lísn] li

동 듣다, 귀 기울이다
Listen carefully, and answer the questions.
잘 듣고, 물음에 답하세요.

listen to ~의 형태로 쓸 때, '~을 듣다'라고 쓰여요.
She listens to music.
그녀는 음악을 듣는다.

0258 **feel** [fi:l] f l

동 느끼다, 느껴지다
They **felt** the gentle breeze.
그들은 부드러운 바람을 느꼈다.

(과거형) felt-felt
명 feeling 느낌, 기분

0259 **touch** [tʌtʃ] tou

동 만지다, (손 등을) 대다 명 접촉
Don't **touch** your eyes with your hands.
손으로 눈을 만지지 마세요.

the sense of touch
촉각

0260 **smell** [smel] sm

동 ~한 냄새[향기]가 나다 명 냄새
Roses **smell** really nice.
장미는 정말 좋은 향기가 난다.

the sense of smell
후각

0261 **taste** [teist] te

동 ~한 맛이 나다, 맛보다 명 맛
This ice cream **tastes** like bananas.
이 아이스크림은 바나나 같은 맛이 난다.

the sense of taste
미각

0262 **sound** [saund] nd

동 ~처럼 들리다 명 소리
Their plan **sounded** good to me.
그들의 계획은 나에게 좋게 들렸다.

I heard a loud sound.
나는 시끄러운 소리를 들었다.

0263 **watch** [wɑtʃ] ____ch

동 보다, 지켜보다
We **watched** our favorite TV show.
우리는 우리가 가장 좋아하는 TV쇼를 보았다.

0264 **voice** [vɔis] ____ce

명 목소리, 음성
Please keep your **voice** down.
목소리를 좀 낮춰 주세요.

0265 **noisy** [nɔ́izi] ____sy

형 시끄러운
The teacher went into the **noisy** classroom.
선생님이 시끄러운 교실에 들어가셨다.

명 noise(소음, 소란) +-y('~한'을 뜻하는 접미사)
↔ quiet, calm 조용한

0266 **soft** [sɔ(:)ft] s__t

형 부드러운, 푹신한
My silk dress feels very **soft**.
나의 실크 드레스는 매우 부드럽게 느껴진다.

≒ smooth 부드러운
↔ hard 단단한

0267 **hard** [hɑːrd] h____

형 단단한; 어려운 부 열심히
This bread is as **hard** as a rock.
이 빵은 돌처럼 단단하다.

hard question 어려운 질문
He studies hard.
그는 열심히 공부한다.
↔ soft 부드러운

0268 **sharp** [ʃɑːrp] ____p

형 날카로운, 뾰족한
Sharks have **sharp** teeth.
상어는 날카로운 이빨을 가지고 있다.

0269 **sour** [sauər] s____

형 (맛이) 신
Those oranges are too **sour** to eat.
저 오렌지들은 너무 시어서 먹을 수가 없다.

sweet-and-sour 새콤달콤한

Advanced

Voca Coach

0270 **bitter** [bítər] bi

형 (맛이) 쓴

Black coffee tastes **bitter**.

블랙커피는 쓴맛이 난다.

bittersweet 달콤쌉싸름한

0271 **scent** [sent] nt

명 냄새, 향기

This perfume has a fresh **scent**.

이 향수는 상쾌한 향기가 난다.

≒ smell

0272 **smooth** [smu:ð] th

형 매끈한, 부드러운

The cheesecake is **smooth** and sweet.

치즈케이크는 부드럽고 달콤하다.

↔ rough 거친

0273 **sight** [sait] s t

명 눈으로 봄, 시각, 시력

Out of **sight**, out of mind.

눈에서 멀어지면, 마음에서도 멀어진다.

0274 **sense** [sens] se

명 감각 동 (감각을) 느끼다

Every dog has a good **sense** of smell.

모든 개는 뛰어난 후각을 가지고 있다.

the sixth sense 육감

0275 **tickle** [tikl] tic

동 간지럽히다 명 간지럼

She **tickled** her friend to make her laugh.

그녀는 친구를 간지럽혀 웃게 만들었다.

정답 p.307

A 영어는 우리말로, 우리말은 영어로 쓰시오.

01 see
02 wet
03 tickle
04 dry
05 noisy
06 sour
07 listen
08 sense
09 hard
10 smell
11 look
12 hear
13 watch
14 목소리, 음성
15 달콤한, 단
16 부드러운, 푹신한
17 ~처럼 들리다; 소리
18 날카로운, 뾰족한
19 만지다; 접촉
20 (맛이) 쓴
21 냄새, 향기
22 매끈한, 부드러운
23 눈으로 봄, 시각
24 ~한 맛이 나다; 맛
25 느끼다, 느껴지다

B 다음 표현을 우리말로 쓰시오.

01 sharp teeth
02 a fresh scent
03 the dry towel
04 smell really nice
05 some sweet honey

C 빈칸에 알맞은 단어를 쓰시오.

01 ________ ↔ dry = 젖은 ↔ 마른

02 soft ↔ ________ = 부드러운 ↔ 단단한

03 quiet ↔ ________ = 조용한 ↔ 시끄러운

04 ________ : feeling = 느끼다 : 느낌, 기분

05 ________ : saw = 보다 : 보았다

06 ________ : heard = 듣다 : 들었다

D 암기한 단어를 이용하여 다음 문장을 완성하시오.

01 블랙커피는 쓴맛이 난다.

→ Black coffee tastes ________.

02 목소리를 좀 낮춰 주세요.

→ Please keep your ________ down.

03 이 아이스크림은 바나나 같은 맛이 난다.

→ This ice cream ________ like bananas.

주어가 3인칭 단수 현재이므로 동사에 -s를 붙여요.

04 치즈케이크는 부드럽고 달콤하다.

→ The cheesecake is ________ and sweet.

유의어로 soft가 있어요.

05 모든 개는 뛰어난 후각을 가지고 있다.

→ Every dog has a good ________ of smell.

06 손으로 눈을 만지지 마세요.

→ Don't ________ your eyes with your hands.

월
일
DAY 12

Places

☑ 오늘은 장소 관련 단어를 집중해서 암기할 거예요.

PREVIEW 아는 단어에 체크해 보세요. 아는 단어 ___ / 25개

0276 ☐ place
0277 ☐ school
0278 ☐ park
0279 ☐ town
0280 ☐ city
0281 ☐ bank
0282 ☐ zoo
0283 ☐ here
0284 ☐ there
0285 ☐ bookstore
0286 ☐ church
0287 ☐ airport
0288 ☐ market
0289 ☐ theater
0290 ☐ bakery
0291 ☐ station
0292 ☐ museum
0293 ☐ office
0294 ☐ post office
0295 ☐ village
0296 ☐ temple
0297 ☐ gallery
0298 ☐ palace
0299 ☐ reach
0300 ☐ stop by

Basic

Voca Coach

0276 **place** [pleis]

ce

명 장소, 곳

She knows good **places** to eat dinner.

그녀는 저녁 식사를 할 좋은 장소들을 알고 있다.

place는 '놓다, 두다'의 뜻으로도 쓰여요.
He placed cups on the table.
그는 탁자 위에 컵들을 놓았다.

0277 **school** [sku:l]

s l

명 학교

I go to **school** five days a week.

나는 일주일에 5일 학교에 간다.

명 preschool 어린이집, 유치원

0278 **park** [pɑ:rk]

pa

명 공원

My dog likes to play at the **park**.

나의 개는 공원에서 노는 것을 좋아한다.

park는 '주차하다'의 뜻으로도 쓰여요.
parking lot 주차장

0279 **town** [taun]

n

명 소도시, 마을

Most residents in this **town** live long, healthy lives.

이 마을 대부분의 주민들은 건강하게 오래 산다.

명 hometown 고향

0280 **city** [síti]

c

명 도시, 시

My family moved to a new **city**.

나의 가족은 새로운 도시로 이사했다.

city hall 시청

0281 **bank** [bæŋk]

b

명 은행

The traveler exchanged money at the **bank**.

그 여행자는 은행에서 돈을 환전했다.

명 banker 은행원

0282 □□□ **zoo**
[zuː]
z ▒▒

명 **동물원**
We saw penguins together at the **zoo**.
우리는 동물원에서 함께 펭귄을 봤다.

명 zookeeper 사육사

Intermediate

0283 □□□ **here**
[hiər]
▒▒ re

부 **여기에, 여기로**
Will you come **here**, please?
여기로 와 줄래?

here and there 여기저기에

0284 □□□ **there**
[ðɛər]
▒▒▒ re

부 **거기에, 그곳으로**
We went **there** on foot.
우리는 거기에 걸어서 갔다.

There is/are ~. ~(들)이 있다.

0285 □□□ **bookstore**
[búkstɔ̀ːr]
▒▒▒ store

명 **서점, 책방**
He bought this book at the **bookstore**.
그는 이 책을 서점에서 샀다.

book(책)+store(가게)

0286 □□□ **church**
[tʃəːrtʃ]
▒▒▒ ch

명 **교회**
Does she go to **church** every Sunday?
그녀는 일요일마다 교회에 가니?

0287 □□□ **airport**
[ɛ́ərpɔ̀ːrt]
▒▒▒ port

명 **공항**
We met many pilots at the **airport**.
우리는 공항에서 많은 조종사들을 만났다.

air(공기, 항공)+port(항구, 항만)

Voca Coach

0288 **market** [mά:rkit]
ket

명 시장
Farmers sell fruit at the **market**.
농부들은 시장에서 과일을 판다.

flea market 벼룩시장

0289 **theater** [θí(:)ətər]
ter

명 극장
They went to the **theater** to watch a movie.
그들은 영화를 보러 극장에 갔다.

movie theater 영화관
theatre로도 흔히 쓰여요.

0290 **bakery** [béikəri]
ba

명 빵집, 제과점
The bread from the **bakery** tastes good.
그 빵집의 빵은 맛이 좋다.

동 bake (빵을) 굽다
명 baker 제빵사

0291 **station** [stéiʃən]
tion

명 역, 정류장
The train arrives at the **station** on time.
기차는 역에 제시간에 도착한다.

0292 **museum** [mju(:)zí(:)əm]
mu

명 박물관, 미술관
Children should not run in the **museum**.
아이들은 박물관 안에서 뛰어서는 안 된다.

0293 **office** [ɔ́(:)fis]
ce

명 사무실, 근무처
He worked in his **office** all day long.
그는 하루 종일 그의 사무실에서 일했다.

head office 본사, 본부

0294 **post office** [póust ɔ̀(:)fis]

명 우체국
How can I get to the **post office**?
우체국은 어디로 가면 되나요?

post(우편)+office(사무실)

Advanced

Voca Coach

0295 village [vílidʒ] vi

명 마을, 부락
This **village** has a thousand-year-old tree.
이 마을에는 천 년 된 나무가 있다.

0296 temple [témpl] tem

명 사원, 사찰
There is a small **temple** on the mountain.
산 위에 작은 사원이 있다.

0297 gallery [gǽləri] ga

명 미술관, 화랑
There were beautiful pictures at the **gallery**.
미술관에는 아름다운 그림들이 있었다.

≒ art gallery

0298 palace [pǽlis] pa

명 궁전, 궁
Queens and kings lived in the **palace**.
왕비와 왕들은 궁전에 살았다.

0299 reach [riːtʃ] ch

동 도착하다; (손 등을) 뻗다
We finally **reached** the top of the mountain.
우리는 마침내 산 정상에 도달했다.

I can't reach that far.
그렇게 멀리까지 닿지 않아.

0300 stop by

잠시 들르다
Can you **stop by** this evening?
오늘 저녁에 잠시 들를 수 있나요?

≒ drop by 들르다

Daily Check

정답 p.307

A 영어는 우리말로, 우리말은 영어로 쓰시오.

01 market
02 temple
03 park
04 palace
05 city
06 bank
07 office
08 here
09 school
10 bookstore
11 station
12 stop by
13 zoo
14 소도시, 마을
15 빵집, 제과점
16 장소, 곳
17 박물관, 미술관
18 거기에, 그곳으로
19 우체국
20 마을, 부락
21 극장
22 미술관, 화랑
23 교회
24 도착하다; 뻗다
25 공항

B 다음 표현을 우리말로 쓰시오.

01 this village
02 go to church
03 at the airport
04 in the museum
05 work in his office

Ⓒ 빈칸에 알맞은 단어를 쓰시오.

01 city : ______________ = 도시, 시 : 소도시, 마을

02 book : ______________ = 책 : 서점

03 ______________ ↔ there = 여기에 ↔ 거기에

04 office : ______________ office = 사무실 : 우체국

05 church : ______________ = 교회 : 사원, 사찰

06 ______________ : banker = 은행 : 은행원

Ⓓ 암기한 단어를 이용하여 다음 문장을 완성하시오.

01 우리는 거기에 걸어서 갔다.

→ We went ___________ on foot.

here(여기에)의 반대말이에요.

02 농부들은 시장에서 과일을 판다.

→ Farmers sell fruit at the ___________.

03 나의 개는 공원에서 노는 것을 좋아한다.

→ My dog likes to play at the ___________.

04 그녀는 저녁 식사를 할 좋은 장소들을 알고 있다.

→ She knows good ___________ to eat dinner.

'장소들'이니까 -s를 붙여서 복수형으로 써요.

05 기차는 역에 제시간에 도착한다.

→ The train arrives at the ___________ on time.

06 오늘 저녁에 잠시 들를 수 있나요?

→ Can you ___________ ___________ this evening?

월
일
DAY 13

House

☑ 오늘은 집 관련 단어를 집중해서 암기할 거예요.

PREVIEW 아는 단어에 체크해 보세요. 아는 단어 / 25개

0301 □ home
0302 □ pet
0303 □ door
0304 □ wall
0305 □ window
0306 □ gate
0307 □ exit
0308 □ roof
0309 □ stair
0310 □ floor
0311 □ yard
0312 □ sink
0313 □ pool
0314 □ bedroom
0315 □ living room
0316 □ kitchen
0317 □ bathroom
0318 □ toilet
0319 □ stay
0320 □ knock
0321 □ shake
0322 □ housework
0323 □ garage
0324 □ basement
0325 □ comfortable

Basic

Voca Coach

0301 **home**
[houm]
ho

명 집, 가정
They played a board game at **home**.
그들은 집에서 보드게임을 했다.

명 homepage 홈페이지

0302 **pet**
[pet]
p

명 반려동물
We raise **pets** in the house.
우리는 집에서 반려동물들을 키운다.

0303 **door**
[dɔːr]
d r

명 문, 출입구
He opened the **door** for me.
그는 나를 위해 문을 열어 주었다.

0304 **wall**
[wɔːl]
wa

명 벽, 담
There is a family picture on the **wall**.
벽에 가족사진이 있다.

0305 **window**
[wíndou]
dow

명 창문
I closed the **window** because of the noise outside.
나는 바깥의 소음 때문에 창문을 닫았다.

0306 **gate**
[geit]
te

명 문, 대문, 출입구
The car went into the front **gate**.
자동차가 정문 안으로 들어갔다.

공항의 '탑승구'의 의미로도 쓰여요.
at Gate 7
7번 탑승구에서

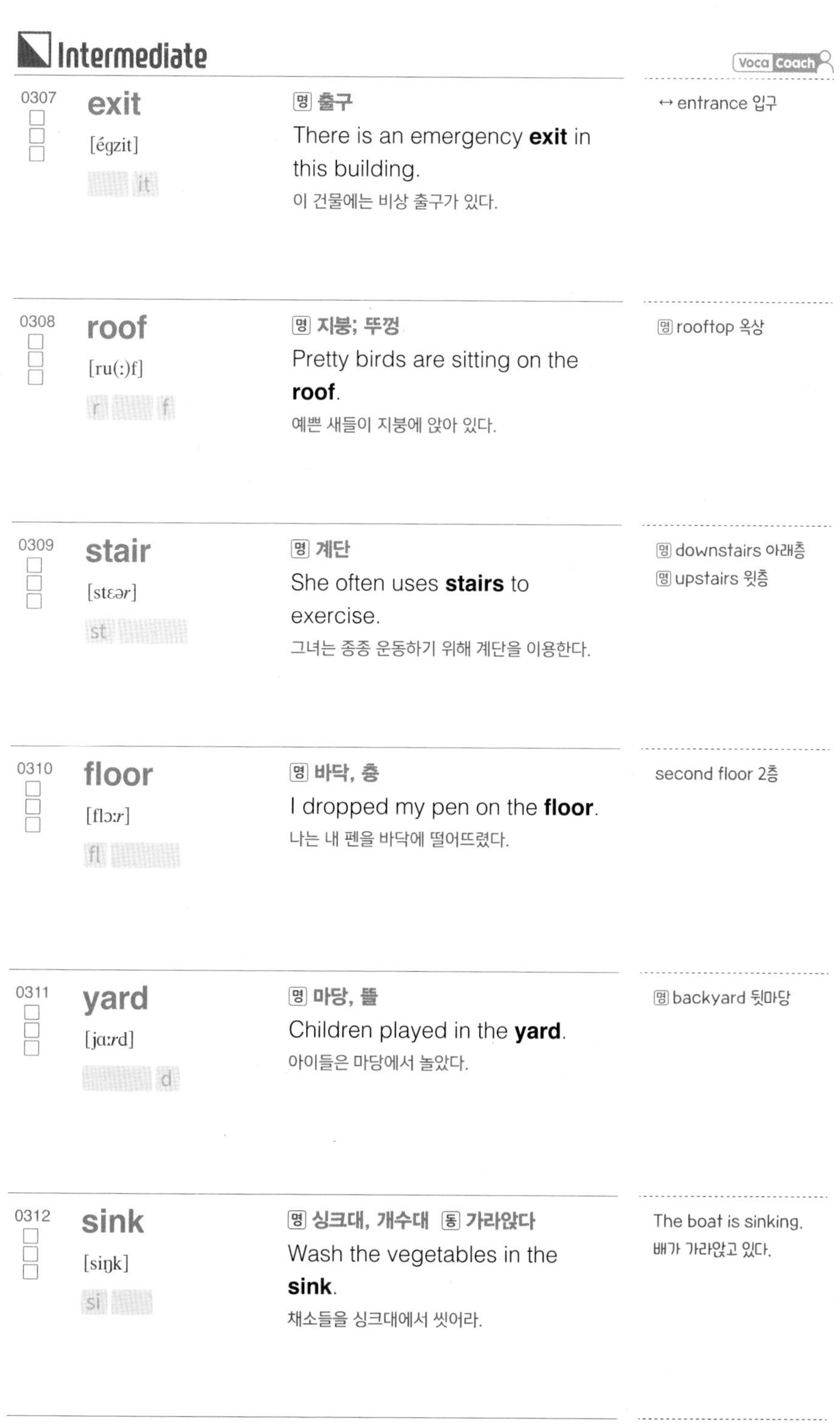

Intermediate

Voca Coach

0307 **exit** [égzit]
□□□ ▒▒it

명 출구
There is an emergency **exit** in this building.
이 건물에는 비상 출구가 있다.

↔ entrance 입구

0308 **roof** [ru(:)f]
□□□ r▒▒f

명 지붕; 뚜껑
Pretty birds are sitting on the **roof**.
예쁜 새들이 지붕에 앉아 있다.

명 rooftop 옥상

0309 **stair** [stɛər]
□□□ st▒▒

명 계단
She often uses **stairs** to exercise.
그녀는 종종 운동하기 위해 계단을 이용한다.

명 downstairs 아래층
명 upstairs 윗층

0310 **floor** [flɔːr]
□□□ fl▒▒

명 바닥, 층
I dropped my pen on the **floor**.
나는 내 펜을 바닥에 떨어뜨렸다.

second floor 2층

0311 **yard** [jɑːrd]
□□□ ▒▒d

명 마당, 뜰
Children played in the **yard**.
아이들은 마당에서 놀았다.

명 backyard 뒷마당

0312 **sink** [siŋk]
□□□ si▒▒

명 싱크대, 개수대 동 가라앉다
Wash the vegetables in the **sink**.
채소들을 싱크대에서 씻어라.

The boat is sinking.
배가 가라앉고 있다.

0313 pool
[puːl]
p ___ l

명 수영장; 웅덩이
He made a swimming **pool** in the yard.
그는 마당에 수영장을 만들었다.

swimming pool 수영장

0314 bedroom
[bédrù(ː)m]
___ room

명 침실
This house has two big **bedrooms**.
이 집에는 두 개의 큰 침실이 있다.

bed(침대)+room(방)

0315 living room
[líviŋ rù(ː)m]

명 거실
They wanted a new sofa for the **living room**.
그들은 거실용 새 소파를 원했다.

living(거주하는) + room(방)

0316 kitchen
[kítʃən]
kit ___

명 부엌, 주방
Mom is baking cookies in the **kitchen**.
엄마는 부엌에서 쿠키를 굽고 계신다.

0317 bathroom
[bǽθrù(ː)m]
___ room

명 욕실, 화장실
He is in the **bathroom**.
그는 욕실에 있다.

bath(목욕)+room(방)

0318 toilet
[tɔ́ilit]
___ let

명 (공중)화장실; 변기
Can I use the **toilet** here?
여기 화장실을 사용해도 될까요?

≒ restroom 공중화장실
toilet paper 화장지

0319 stay
[stei]
___ ay

동 머무르다, 지내다; ~하게 있다
We will **stay** in this village.
우리는 이 마을에 머무를 것이다.

Please stay calm.
진정해 주세요.

Voca Coach

0320 knock

[nɑk]

통 두드리다, 노크하다 명 노크

Someone **knocked** on her door.

누군가가 그녀의 방문을 두드렸다.

0321 shake

[ʃeik]

통 흔들다, 흔들리다

Shake the bottle to mix them.

그것들을 섞으려면 병을 흔드세요.

(과거형) shook-shaken

명 handshake 악수

 Advanced

0322 housework

[háuswə̀ːrk]

house

명 가사, 집안일

Dad did some **housework**.

아빠는 집안일을 좀 하셨다.

house(집)+work((해야 할) 일)

0323 garage

[gərάːdʒ]

ra

명 차고, 주차장

This is a house with a **garage**.

이것은 차고가 딸린 집이다.

garage sale (집에서 하는) 쓰던 물건 팔기

0324 basement

[béismənt]

ment

명 지하실, 지하층

I moved my old books to the **basement**.

나는 내 헌책들을 지하실로 옮겼다.

명 base(맨 아래, 기초) + -ment('결과', '상태'를 뜻하는 접미사)

0325 comfortable

[kʌ́mfərtəbl]

able

형 편안한, 쾌적한

The chairs feel **comfortable**.

그 의자들은 편안하게 느껴진다.

명 comfort(안락, 편안) + -able('할 수 있는'을 뜻하는 접미사)

↔ uncomfortable 불편한

DAY 13

Daily Check

정답 p.307

A 영어는 우리말로, 우리말은 영어로 쓰시오.

01	gate		14	침실	
02	shake		15	창문	
03	door		16	부엌, 주방	
04	toilet		17	벽, 담	
05	home		18	수영장; 웅덩이	
06	basement		19	머무르다, 지내다	
07	exit		20	두드리다; 노크	
08	comfortable		21	계단	
09	bathroom		22	가사, 집안일	
10	floor		23	차고, 주차장	
11	yard		24	반려동물	
12	sink		25	지붕; 뚜껑	
13	living room				

B 다음 표현을 우리말로 쓰시오.

01 the front gate

02 open the door

03 shake the bottle

04 feel comfortable

05 close the window

C 빈칸에 알맞은 단어를 쓰시오.

01 ______________ : rooftop = 지붕 : 옥상

02 entrance ↔ ______________ = 입구 ↔ 출구

03 bed : ______________ = 침대 : 침실

04 work : ______________ = 일 : 집안일

05 bath : ______________ = 목욕 : 욕실

06 t______________ ≒ restroom = (공중)화장실

D 암기한 단어를 이용하여 다음 문장을 완성하시오.

01 아이들은 마당에서 놀았다.

→ Children played in the __________.

02 그녀는 종종 운동하기 위해 계단을 이용한다.

→ She often uses __________ to exercise.

복수형으로 쓰세요.

03 엄마는 부엌에서 쿠키를 굽고 계신다.

→ Mom is baking cookies in the __________.

04 벽에 가족사진이 있다.

→ There is a family picture on the __________.

05 그는 마당에 수영장을 만들었다.

→ He made a swimming __________ in the yard.

06 그들은 거실용 새 소파를 원했다.

→ They wanted a new sofa for the __________ __________.

Objects

☑ 오늘은 물건 관련 단어를 집중해서 암기할 거예요.

PREVIEW 아는 단어에 체크해 보세요. 아는 단어 ___ / 25개

0326 ☐ pencil
0327 ☐ paper
0328 ☐ glue
0329 ☐ eraser
0330 ☐ key
0331 ☐ doll
0332 ☐ ruler
0333 ☐ chalk
0334 ☐ soap
0335 ☐ towel
0336 ☐ lamp
0337 ☐ diary
0338 ☐ bottle
0339 ☐ clock
0340 ☐ mirror
0341 ☐ basket
0342 ☐ zipper
0343 ☐ album
0344 ☐ telephone
0345 ☐ brush
0346 ☐ vase
0347 ☐ toothbrush
0348 ☐ scissors
0349 ☐ umbrella
0350 ☐ envelope

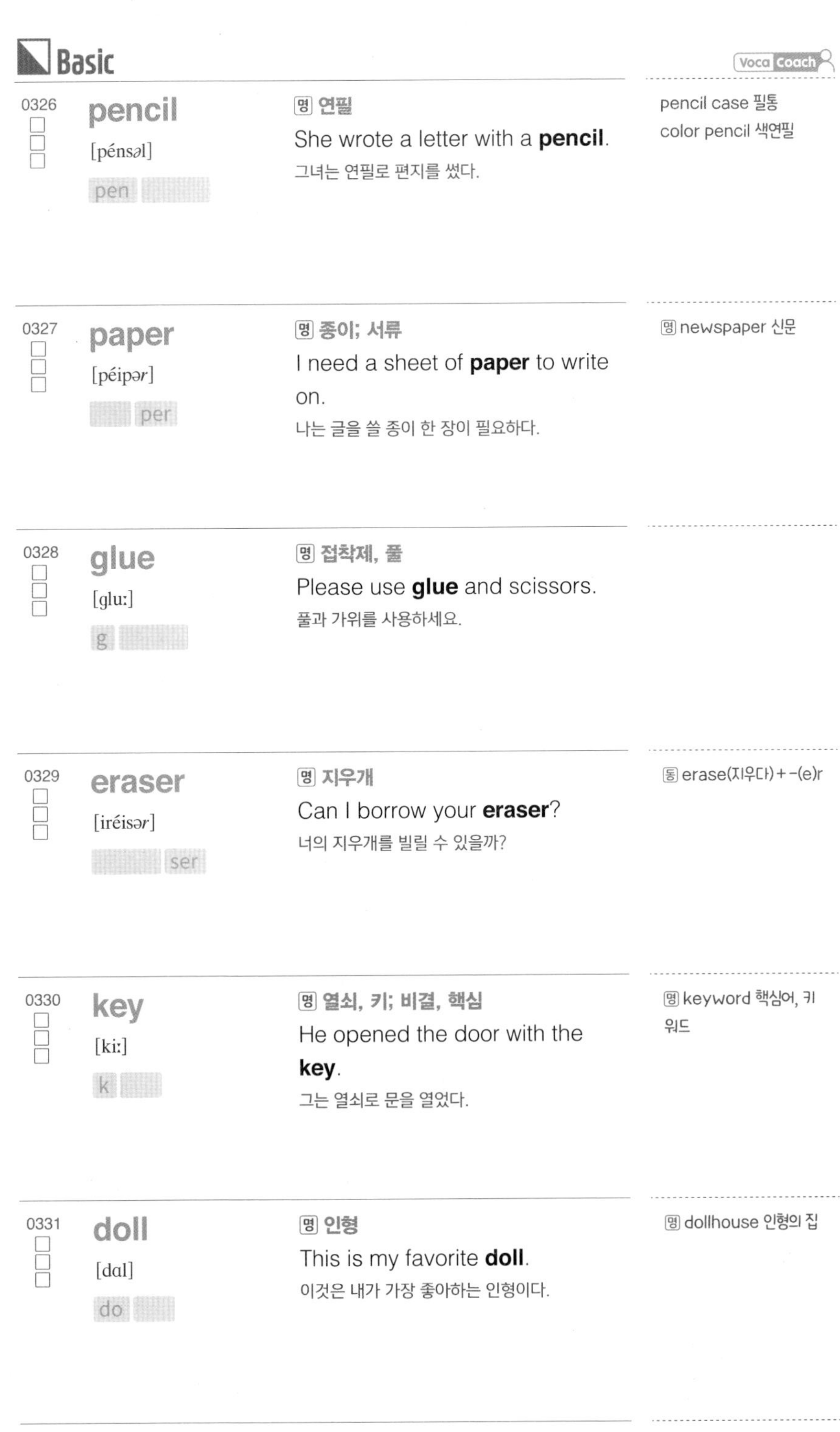

Basic

Voca Coach

0326 **pencil** [pénsəl]
pen

명 **연필**
She wrote a letter with a **pencil**.
그녀는 연필로 편지를 썼다.

pencil case 필통
color pencil 색연필

0327 **paper** [péipər]
per

명 **종이; 서류**
I need a sheet of **paper** to write on.
나는 글을 쓸 종이 한 장이 필요하다.

명 newspaper 신문

0328 **glue** [glu:]
g

명 **접착제, 풀**
Please use **glue** and scissors.
풀과 가위를 사용하세요.

0329 **eraser** [iréisər]
ser

명 **지우개**
Can I borrow your **eraser**?
너의 지우개를 빌릴 수 있을까?

동 erase(지우다) + -(e)r

0330 **key** [ki:]
k

명 **열쇠, 키; 비결, 핵심**
He opened the door with the **key**.
그는 열쇠로 문을 열었다.

명 keyword 핵심어, 키워드

0331 **doll** [dɑl]
do

명 **인형**
This is my favorite **doll**.
이것은 내가 가장 좋아하는 인형이다.

명 dollhouse 인형의 집

DAY 14

Intermediate

Voca Coach

0332 ruler [rú:lər] ___er
명 자
Draw a line with a **ruler**.
자로 선을 그어라.

0333 chalk [tʃɔ:k] ch___
명 분필
He used **chalk** to write on the board.
그는 분필을 사용하여 칠판에 썼다.

0334 soap [soup] s__p
명 비누
I wash my face with **soap**.
나는 비누로 얼굴을 씻는다.
soap opera TV 드라마, 연속극

0335 towel [táuəl] to___
명 수건
The dry **towel** made me feel good.
마른 수건이 내 기분을 좋게 만들었다.
paper towel 종이 수건, 휴지

0336 lamp [læmp] ___p
명 램프, 전등
I turned on the **lamp** in the living room.
나는 거실에 램프를 켰다.

0337 diary [dáiəri] ___ry
명 일기, 일기장
Do you usually keep a **diary**?
너는 보통 일기를 쓰니?
keep a diary (주기적으로) 일기를 쓰다

Voca Coach

0338 ☐☐☐ **bottle** [bátl] bo

명 병
There is a water **bottle** in my lunchbox.
내 점심 도시락 안에 물병이 있다.

a bottle of ~ 한 병

0339 ☐☐☐ **clock** [klɑk] cl

명 시계
The doctor looked at the **clock** in the office.
그 의사는 사무실에 있는 시계를 보았다.

alarm clock 자명종, 알람 시계

0340 ☐☐☐ **mirror** [mírə*r*] mi

명 거울
He saw himself in the bathroom **mirror**.
그는 욕실 거울에 비친 자신의 모습을 보았다.

0341 ☐☐☐ **basket** [bǽskit] bas

명 바구니
What's in the yellow **basket**?
그 노란 바구니 안에는 무엇이 있니?

명 basketball 농구

0342 ☐☐☐ **zipper** [zípə*r*] zip

명 지퍼
The **zipper** on my pants was broken.
내 바지의 지퍼가 고장 났다.

동 zip(잠그다)+-(p)er

0343 ☐☐☐ **album** [ǽlbəm] bum

명 앨범, 사진첩
My family sometimes looks at our old **albums** together.
우리 가족은 종종 우리의 옛날 앨범을 함께 본다.

0344 ☐☐☐ **telephone** [téləfòun] tele

명 전화, 전화기
Will you answer the **telephone** for me?
나 대신 전화를 좀 받아 줄래?

≒ phone

DAY 14

Voca Coach

0345 brush
[brʌʃ]
bru

명 붓, 솔, 빗 동 솔질[빗질]을 하다
You should **brush** your teeth for 3 minutes.
너는 3분 동안 이를 닦아야 한다.

brush one's hair 머리를 빗다

0346 vase
[veis]
se

명 꽃병, 화병
My aunt changed the flowers in the **vase**.
우리 이모가 꽃병 안의 꽃을 바꿨다.

Advanced

0347 toothbrush
[tú:θbrʌ̀ʃ]
brush

명 칫솔
I changed my **toothbrush** because it was old.
나는 내 칫솔이 낡아서 그것을 바꿨다.

tooth(치아, 이)+brush(솔)

0348 scissors
[sízərz]
ssors

명 가위
He needs to buy a pair of **scissors** for art class.
그는 미술 수업을 위해 가위 한 개를 사야 한다.

scissors는 복수로 취급하며 수를 셀 때는 a pair of 표현을 사용해요.

0349 umbrella
[ʌmbrélə]
umb

명 우산
Don't forget your **umbrella**.
너의 우산을 잊지 마.

0350 envelope
[énvəlòup]
lope

명 봉투, 편지 봉투
She put the letter in the **envelope**.
그녀는 봉투 안에 편지를 넣었다.

Daily Check

정답 p.307

A 영어는 우리말로, 우리말은 영어로 쓰시오.

01 bottle

02 paper

03 clock

04 brush

05 key

06 doll

07 lamp

08 chalk

09 soap

10 album

11 umbrella

12 envelope

13 telephone

14 거울

15 연필

16 바구니

17 지퍼

18 접착제, 풀

19 일기, 일기장

20 자

21 꽃병, 화병

22 지우개

23 가위

24 수건

25 칫솔

B 다음 표현을 우리말로 쓰시오.

01 a dry towel

02 keep a diary

03 a water bottle

04 our old albums

05 brush your teeth

C 빈칸에 알맞은 단어를 쓰시오.

01	erase : ______________	=	지우다 : 지우개
02	zip : ______________	=	잠그다 : 지퍼
03	______________ : pencil case	=	연필 : 필통
04	phone ≒ t______________	=	전화기
05	______________ : basketball	=	바구니 : 농구
06	brush : ______________	=	솔, 붓 : 칫솔

D 암기한 단어를 이용하여 다음 문장을 완성하시오.

01 너의 우산을 잊지 마.

→ Don't forget your ___________.

02 자로 선을 그어라.

→ Draw a line with a ___________.

03 나는 비누로 얼굴을 씻는다.

→ I wash my face with ___________.

04 나는 글을 쓸 종이 한 장이 필요하다.

→ I need a sheet of ___________ to write on.

'종이'는 셀 수 없는 명사라서 수를 셀 때는 a sheet of를 써서 '한 장'을 표현해요.

05 그는 열쇠로 문을 열었다.

→ He opened the door with the ___________.

06 그는 욕실 거울에 비친 자신의 모습을 보았다.

→ He saw himself in the bathroom ___________.

월 일

DAY 15

School

☑ 오늘은 학교 관련 단어를 집중해서 암기할 거예요.

PREVIEW 아는 단어에 체크해 보세요. 아는 단어 / 25개

0351 □ desk
0352 □ learn
0353 □ student
0354 □ teacher
0355 □ classroom
0356 □ exam
0357 □ library
0358 □ gym
0359 □ playground
0360 □ hall
0361 □ locker
0362 □ grade
0363 □ subject
0364 □ uniform
0365 □ level
0366 □ homeroom
0367 □ basic
0368 □ rule
0369 □ greet
0370 □ junior
0371 □ follow
0372 □ cafeteria
0373 □ elementary
0374 □ graduate
0375 □ principal

Voca Coach

0351 desk
[desk]
de

명 책상
The girl was sitting at her **desk**.
그 소녀는 그녀의 책상에 앉아 있었다.

명 chair 의자

0352 learn
[ləːrn]
l n

동 배우다, 알게 되다
Children **learn** new things fast.
아이들은 새로운 것을 빨리 배운다.

명 e-learning 온라인 학습
명 learner 학생, 학습자

0353 student
[stjúːdənt]
dent

명 학생
A **student** asked the teacher a question.
한 학생이 선생님에게 질문을 했다.

0354 teacher
[tíːtʃər]
tea

명 교사, 선생님
Ms. Lee was my English **teacher**.
이 선생님은 나의 영어 선생님이었다.

동 teach(가르치다)+-er

0355 classroom
[klǽsrù(ː)m]
room

명 교실
Students are talking in the **classroom**.
학생들이 교실에서 이야기하고 있다.

class(수업)+room(방, 공간)

0356 exam
[igzǽm]
am

명 시험
I'm worried about the math **exam**.
나는 수학 시험이 걱정된다.

≒ test
midterm exam 중간고사
final exam 기말고사

Intermediate

Voca Coach

0357 library
[láibrèri]
lib

명 도서관
You cannot speak loudly in the **library**.
너는 도서관에서 크게 말할 수 없다.

0358 gym
[dʒim]
m

명 체육관
They often do yoga at the **gym**.
그들은 종종 체육관에서 요가를 한다.

0359 playground
[pléigràund]
play

명 운동장, 놀이터
Teenagers are playing soccer on the **playground**.
청소년들이 운동장에서 축구를 하고 있다.

play(놀다)+ground(땅, 지면)

0360 hall
[hɔːl]
ha

명 강당, 연회장
There were many people in the **hall**.
강당에는 많은 사람들이 있었다.

0361 locker
[lákər]
er

명 사물함
He put his textbooks in his **locker**.
그는 그의 교과서를 사물함 안에 넣었다.

동 lock(잠그다)+-er('~하는 도구/장치'를 뜻하는 접미사)
locker room 탈의실

0362 grade
[greid]
de

명 학년; 성적, 등급
My nephew goes to the second **grade** next year.
내 조카는 내년에 2학년이 된다.

I got a bad grade this year.
나는 올해 안 좋은 성적을 받았다.

0363 **subject** [sʌ́bdʒikt]

sub ▒▒▒

명 **과목; 주제**

What's your favorite **subject**?

네가 가장 좋아하는 과목은 뭐니?

What's the subject of this book?
이 책의 주제는 뭐니?

0364 **uniform** [júːnəfɔ̀ːrm]

uni ▒▒▒

명 **교복, 제복, 유니폼**

My sister hates her school **uniform**.

내 누나는 그녀의 교복을 싫어한다.

0365 **level** [lévəl]

le ▒▒▒

명 **수준, 단계, 레벨**

I tried hard to go to the high **level**.

나는 높은 단계로 가기 위해 열심히 노력했다.

0366 **homeroom** [hóumrù(ː)m]

▒▒▒ room

명 **출석 반**

Mr. Kim is my **homeroom** teacher.

김 선생님은 나의 담임 선생님이다.

homeroom teacher
담임 선생님

0367 **basic** [béisik]

ba ▒▒▒

형 **기초적인, 기본적인**

There are three **basic** rules at our school.

우리 학교에는 세 가지 기본 규칙들이 있다.

≒ elementary 초급의

0368 **rule** [ruːl]

ru ▒▒▒

명 **규칙**

Follow the **rules** of this game.

이 게임의 규칙들을 따라라.

rule은 '지배[통치]하다'라는 뜻으로도 쓰여요.
He ruled the world.
그는 세상을 지배했다.

0369 **greet** [griːt]

gr ▒▒▒ t

동 **환영하다, (반갑게) 맞다**

Teachers **greeted** all the students.

선생님들은 모든 학생을 반갑게 맞았다.

명 greetings 인사(하는 말)
≒ welcome 환영하다

Voca Coach

0370 junior

[dʒúːnjər]

ju

명 아랫사람, 후배 형 후배의

Jina helped a **junior** in high school.

지나는 고등학교에서 한 후배를 도와주었다.

↔ senior 선배, 어르신

Advanced

0371 follow

[fálou]

fo

동 따르다, 따라가다

The police officer told us to **follow** her.

경찰이 우리에게 그녀를 따라오라고 말했다.

명 follower 추종자, 팬

0372 cafeteria

[kæ̀fətíəriə]

cafe

명 구내식당, 카페테리아

The food at the school **cafeteria** is great.

학교 구내식당의 음식은 훌륭하다.

0373 elementary

[èləméntəri]

ary

형 초보의, 초급의, 초등의

I speak English at the **elementary** level.

나는 초급 수준의 영어를 말한다.

명 element(기초, 기본) + -ary('~의/~한'을 뜻하는 접미사)

elementary school 초등학교

0374 graduate

[grǽdʒueit]

gra

동 졸업하다

The lawyer **graduated** from Harvard University.

그 변호사는 하버드 대학을 졸업했다.

명 graduation 졸업

0375 principal

[prínsəpəl]

prin

명 교장

The **principal** calmed down the students.

교장 선생님은 학생들을 진정시켰다.

Daily Check

정답 p.307

A 영어는 우리말로, 우리말은 영어로 쓰시오.

01 basic
02 learn
03 desk
04 teacher
05 classroom
06 exam
07 greet
08 uniform
09 playground
10 hall
11 cafeteria
12 principal
13 elementary
14 학생
15 수준, 단계
16 출석 반
17 도서관
18 규칙
19 체육관
20 후배; 후배의
21 따르다, 따라가다
22 사물함
23 학년; 성적, 등급
24 졸업하다
25 과목; 주제

B 다음 표현을 우리말로 쓰시오.

01 the second grade
02 her school uniform
03 the school cafeteria
04 your favorite subject
05 my homeroom teacher

C 빈칸에 알맞은 단어를 쓰시오.

01 teach : ______________ = 가르치다 : 교사, 선생님

02 e______________ ≒ test = 시험

03 class : ______________ = 수업 : 교실

04 play : ______________ = 놀다 : 운동장, 놀이터

05 lock : ______________ = 잠그다 : 사물함

06 ______________ ↔ senior = 후배 ↔ 선배

DAY 15

D 암기한 단어를 이용하여 다음 문장을 완성하시오.

01 이 게임의 규칙들을 따라라.

→ Follow the __________s of this game.

02 아이들은 새로운 것을 빨리 배운다.

→ Children __________ new things fast.

03 선생님들은 모든 학생을 반갑게 맞았다.

→ Teachers __________ all the students.

'반갑게 맞았다'는 과거형이므로 -ed를 붙여요.

04 나는 높은 단계로 가기 위해 열심히 노력했다.

→ I tried hard to go to the high __________.

05 강당에는 많은 사람들이 있었다.

→ There were many people in the __________.

06 한 학생이 선생님에게 질문을 했다.

→ A __________ asked the teacher a question.

누적 테스트

* 꼭 암기해야 하는 중요도 최상의 단어들을 확인하세요.

A 영어를 우리말로 쓰시오.

01 watch
02 stair
03 sense
04 ruler
05 museum
06 toothbrush
07 follow
08 market
09 graduate
10 shake
11 temple
12 window
13 palace
14 umbrella
15 sharp
16 basement
17 gym
18 hear
19 diary
20 classroom

B 우리말을 영어로 쓰시오.

01 학교
02 반려동물
03 만지다; 접촉
04 배우다, 알게 되다
05 마당, 뜰
06 시끄러운
07 공항
08 종이; 서류
09 도서관
10 수건
11 서점, 책방
12 달콤한, 단
13 지붕, 뚜껑
14 빵집, 제과점
15 지우개
16 목소리, 음성
17 과목; 주제
18 부엌, 주방
19 기초적인, 기본적인
20 거울

C 다음 표현을 우리말로 쓰시오.

01 open the door ....

02 smell really nice ....

03 turn on the lamp ....

04 my English teacher ....

05 move to a new city ....

06 go to church every Sunday ....

D 암기한 단어를 이용하여 다음 문장을 완성하시오.

01 그 노란 바구니에는 무엇이 있니?

→ What's in the yellow __________?

02 이 게임의 규칙들을 따라라.

→ Follow the __________s of this game.

03 내 누나는 그녀의 교복을 싫어한다.

→ My sister hates her school __________.

04 저 오렌지들은 너무 시어서 먹을 수가 없다.

→ Those oranges are too __________ to eat.

05 기차는 역에 제시간에 도착한다.

→ The train arrives at the __________ on time.

06 그들은 거실용 새 소파를 원했다.

→ They wanted a new sofa for the __________ __________.

영어로 '방'이라는 뜻의 단어가 들어가요.

월
일
DAY 16

Learning

☑ 오늘은 학습 관련 단어를 집중해서 암기할 거예요.

PREVIEW 아는 단어에 체크해 보세요. 아는 단어 ___ / 25개

0376 □ class
0377 □ homework
0378 □ late
0379 □ study
0380 □ notebook
0381 □ quiz
0382 □ lesson
0383 □ point
0384 □ topic
0385 □ difficult
0386 □ solve
0387 □ focus
0388 □ board
0389 □ textbook
0390 □ review
0391 □ attend
0392 □ marker
0393 □ write down
0394 □ on time
0395 □ wrong
0396 □ correct
0397 □ absent
0398 □ dictionary
0399 □ course
0400 □ practice

Basic

Voca Coach

0376 **class** [klæs] cla

명 수업; 반, 학급

History **class** starts at 2 o'clock.

역사 수업은 2시에 시작한다.

My class has 25 students.

우리 학급은 25명의 학생이 있다.

0377 **homework** [hóumwə̀ːrk] work

명 숙제, 과제

We have so much **homework** today.

우리는 오늘 숙제가 너무 많다.

home(집)+work((해야 할) 일)

0378 **late** [leit] la

형 늦은 부 늦게

Why was he **late** for school?

그는 왜 학교에 늦었니?

I woke up late.

나는 늦게 일어났다.

0379 **study** [stʌ́di] dy

동 공부하다

I **studied** hard to get a good grade.

나는 좋은 성적을 받으려고 열심히 공부했다.

(과거형) studied-studied

0380 **notebook** [nóutbùk] book

명 노트, 공책

Write this in your **notebook**.

네 공책에 이것을 적어라.

note(메모, 필기)+book(책)

0381 **quiz** [kwiz] z

명 (간단한) 시험, 퀴즈

We have a **quiz** tomorrow.

우리는 내일 간단한 시험이 있다.

pop quiz 깜짝 (쪽지) 시험

Intermediate

Voca Coach

0382 **lesson** [lésən] le ______

명 수업; 교훈

She is taking writing **lessons**.

그녀는 글쓰기 수업을 듣고 있다.

I learned a good lesson from this story.
나는 이 이야기에서 좋은 교훈을 배웠다.

0383 **point** [pɔint] ______ nt

명 점, 요점; 점수

What's the **point** of this lesson?

이번 수업의 요점은 무엇인가요?

turning point 전환점

0384 **topic** [tápik] to ______

명 주제, 화제

That's an interesting **topic**.

그것은 흥미로운 주제이다.

≒ subject 주제

0385 **difficult** [dífəkʌ̀lt] ______ cult

형 어려운

This math question is very **difficult**.

이 수학 문제는 매우 어렵다.

≒ hard
↔ easy 쉬운

0386 **solve** [salv] ______ ve

동 해결하다, 풀다

The smart scientist will **solve** this problem.

그 똑똑한 과학자는 이 문제를 해결할 것이다.

명 solution 해결책

0387 **focus** [fóukəs] fo ______

동 집중하다, 초점을 맞추다

Let's **focus** only on this topic.

이 주제에만 집중합시다.

Voca Coach

0388 **board**

[bɔːrd]

rd

명 칠판, 게시판

The teacher wrote his name on the **board**.

선생님은 칠판에 그의 이름을 쓰셨다.

명 blackboard 칠판

0389 **textbook**

[tékstbùk]

book

명 교과서

My **textbooks** are on the desk.

내 교과서들은 책상 위에 있다.

text(글, 문서)+book(책)

0390 **review**

[rivjúː]

re

동 재검토하다, 복습하다 명 복습

She **reviewed** her notes for the exam.

그녀는 시험을 위해 그녀의 필기를 복습했다.

review는 '비평, 평가'라는 뜻으로도 쓰여요.
book review 서평

0391 **attend**

[əténd]

a d

동 출석하다, 참석하다

Who **attended** the special class today?

누가 오늘 특별 수업에 참석했니?

명 attendance 출석, 출결

0392 **marker**

[máːrkər]

er

명 마커, 매직펜

We need to buy black **markers**.

우리는 검은색 마커를 살 필요가 있다.

동 mark(표시하다)+-er

0393 **write down**

적다, 기록하다

He is **writing down** something in the book.

그는 책에 무언가를 적고 있다.

0394 **on time**

제시간에, 정각에

Please be **on time** for the class.

수업에 제시간에 오세요.

DAY 16

Advanced

Voca Coach

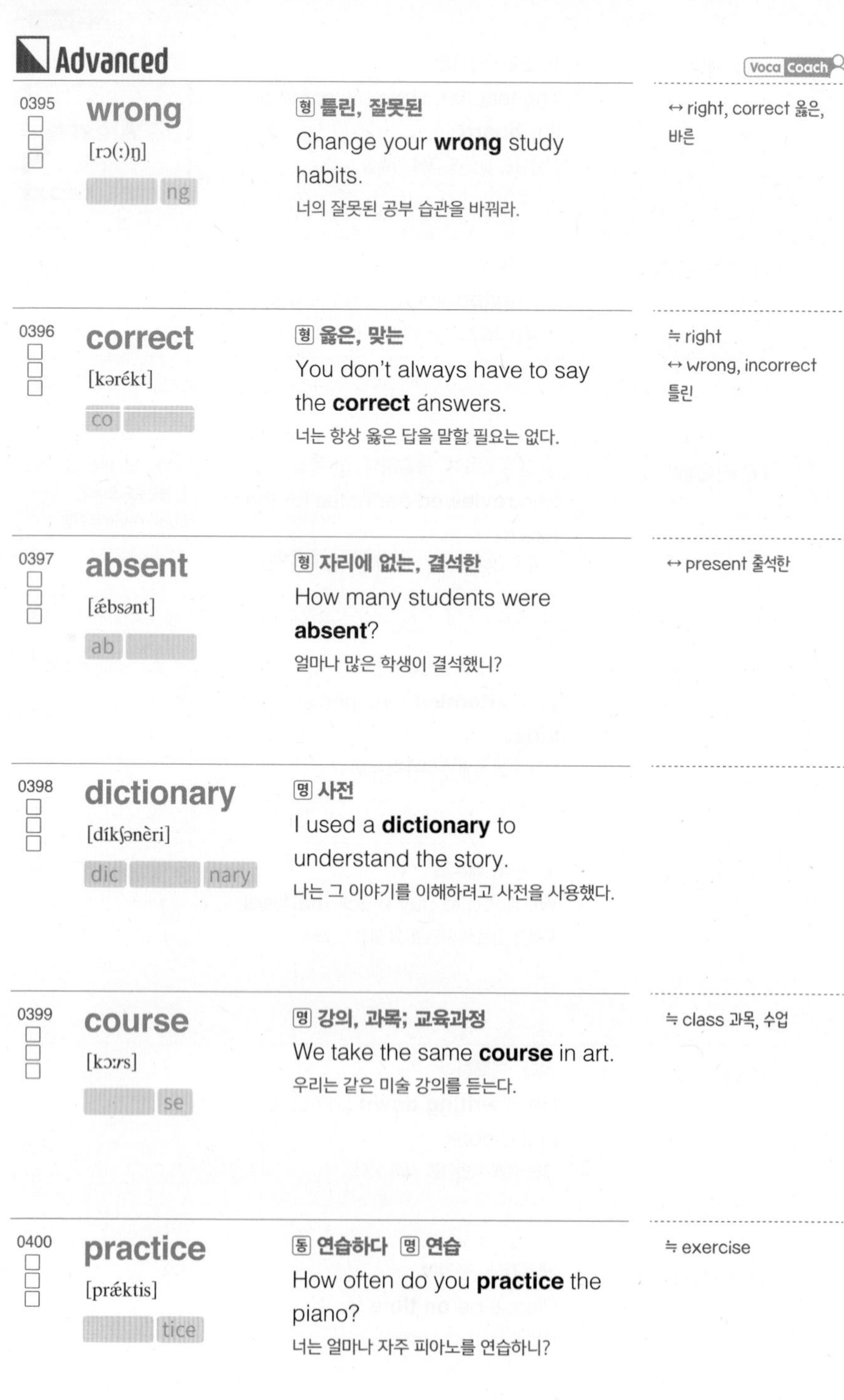

0395 **wrong** [rɔ(ː)ŋ] ng
형 틀린, 잘못된
Change your **wrong** study habits.
너의 잘못된 공부 습관을 바꿔라.
↔ right, correct 옳은, 바른

0396 **correct** [kərékt] co
형 옳은, 맞는
You don't always have to say the **correct** answers.
너는 항상 옳은 답을 말할 필요는 없다.
≒ right
↔ wrong, incorrect 틀린

0397 **absent** [ǽbsənt] ab
형 자리에 없는, 결석한
How many students were **absent**?
얼마나 많은 학생이 결석했니?
↔ present 출석한

0398 **dictionary** [díkʃənèri] dic nary
명 사전
I used a **dictionary** to understand the story.
나는 그 이야기를 이해하려고 사전을 사용했다.

0399 **course** [kɔːrs] se
명 강의, 과목; 교육과정
We take the same **course** in art.
우리는 같은 미술 강의를 듣는다.
≒ class 과목, 수업

0400 **practice** [prǽktis] tice
동 연습하다 명 연습
How often do you **practice** the piano?
너는 얼마나 자주 피아노를 연습하니?
≒ exercise

정답 p.308

A 영어는 우리말로, 우리말은 영어로 쓰시오.

01 topic
02 board
03 late
04 marker
05 textbook
06 quiz
07 lesson
08 class
09 correct
10 difficult
11 dictionary
12 on time
13 write down
14 숙제, 과제
15 복습하다; 복습
16 출석하다, 참석하다
17 공부하다
18 점, 요점; 점수
19 해결하다, 풀다
20 틀린, 잘못된
21 노트, 공책
22 자리에 없는, 결석한
23 집중하다
24 강의, 과목
25 연습하다; 연습

B 다음 표현을 우리말로 쓰시오.

01 history class
02 late for school
03 practice the piano
04 the point of this lesson
05 your wrong study habits

C 빈칸에 알맞은 단어를 쓰시오.

01	note : ____________	=	메모, 필기 : 공책
02	easy ↔ ____________	=	쉬운 ↔ 어려운
03	____________ : attendance	=	출석하다 : 출석, 출결
04	____________ ≒ subject	=	주제
05	wrong ↔ c____________	=	틀린 ↔ 옳은
06	____________ : solution	=	해결하다 : 해결

D 암기한 단어를 이용하여 다음 문장을 완성하시오.

01 이 주제에만 집중합시다.

→ Let's ____________ only on this topic.

02 우리는 오늘 숙제가 너무 많다.

→ We have so much ____________ today.

03 얼마나 많은 학생이 결석했니?

→ How many students were ____________?

04 나는 좋은 성적을 받으려고 열심히 공부했다.

→ I ____________ hard to get a good grade.

'공부했다'이므로 과거형을 써야 해요.

05 선생님은 칠판에 그의 이름을 쓰셨다.

→ The teacher wrote his name on the ____________.

06 수업에 제시간에 오세요.

→ Please be ____________ ____________ for the class.

월 일

DAY 17

Food & Cooking

☑ 오늘은 음식과 요리 관련 단어를 집중해서 암기할 거예요.

PREVIEW 아는 단어에 체크해 보세요. 아는 단어 ___ / 25개

0401 □ food
0402 □ milk
0403 □ oil
0404 □ rice
0405 □ juice
0406 □ cut
0407 □ meal
0408 □ salad
0409 □ bread
0410 □ meat
0411 □ snack
0412 □ salt
0413 □ sugar
0414 □ pepper
0415 □ sauce
0416 □ cook
0417 □ mix
0418 □ bake
0419 □ fry
0420 □ be made of
0421 □ boil
0422 □ peel
0423 □ delicious
0424 □ flour
0425 □ noodle

Basic

Voca Coach

0401 **food**

[fu:d]

f ▒ d

명 **음식, 식품**

What's your favorite **food**?

네가 가장 좋아하는 음식은 뭐니?

junk food 정크 푸드

0402 **milk**

[milk]

▒ k

명 **우유**

She drinks a cup of **milk** in the morning.

그녀는 아침에 우유 한 잔을 마신다.

0403 **oil**

[ɔil]

▒ l

명 **기름, 식용유**

Add a little **oil** to the pan.

팬에 기름을 약간 넣으세요.

형 oily 기름진

0404 **rice**

[rais]

▒ ce

명 **쌀, 밥**

Koreans usually eat **rice** every day.

한국인들은 보통 매일 밥을 먹는다.

fried rice 볶음밥

0405 **juice**

[dʒu:s]

j ▒ e

명 **주스, 즙**

The orange **juice** tasted sour.

그 오렌지 주스는 신맛이 났다.

형 juicy 즙이 많은

0406 **cut**

[kʌt]

▒ t

동 **베다, 자르다**

He **cut** an apple in half.

그는 사과 하나를 반으로 잘랐다.

(과거형) cut-cut

Intermediate

Voca Coach

0407 meal
[miːl]
m l

명 식사, 끼니
Most people eat three **meals** a day.
대부분의 사람들은 하루에 세 끼를 먹는다.

0408 salad
[sǽləd]
sa

명 샐러드
We had fresh **salad** for lunch.
우리는 점심으로 신선한 샐러드를 먹었다.

0409 bread
[bred]
br d

명 빵
We bought a loaf of **bread**.
우리는 빵 한 덩이를 샀다.

a loaf of bread 빵 한 덩이

0410 meat
[miːt]
m t

명 고기
You should eat **meat** with vegetables.
너는 채소와 함께 고기를 먹어야 한다.

0411 snack
[snæk]
sna

명 간단한 식사, 간식
My brother likes a chocolate bar for a **snack**.
내 남동생은 간식으로 초코바를 좋아한다.

snack bar 매점, 간이식당

0412 salt
[sɔːlt]
t

명 소금
The soup needs a little more **salt**.
그 수프는 소금이 좀 더 필요하다.

0413 **sugar**
[ʃúgər]
su ▨▨

명 설탕, 당
Do you put **sugar** in your coffee?
너는 커피에 설탕을 넣니?

blood sugar 혈당

0414 **pepper**
[pépər]
pe ▨▨

명 후추; 고추, 피망
Please pass me the salt and **pepper**.
소금과 후추 좀 건네주세요.

bell pepper 피망

0415 **sauce**
[sɔːs]
▨▨ ce

명 소스, 양념
What's the secret of her tomato **sauce**?
그녀의 토마토소스 비법은 뭐니?

soy sauce 간장

0416 **cook**
[kuk]
c ▨▨ k

동 요리하다 명 요리사
Who **cooked** this delicious food?
누가 이 맛있는 음식을 요리했나요?

He is a great cook.
그는 훌륭한 요리사다.
명 cooker 조리 도구

0417 **mix**
[miks]
m ▨▨

동 섞다, 혼합하다
Mix butter, eggs, and milk.
버터, 달걀, 우유를 섞으세요.

0418 **bake**
[beik]
▨▨ ke

동 굽다
My grandmother **baked** this cake.
나의 할머니가 이 케이크를 구워 주셨다.

명 baker 제빵사

0419 **fry**
[frai]
f ▨▨

동 (기름에) 볶다, 부치다, 튀기다
They **fried** some chicken for dinner.
그들은 저녁으로 치킨을 튀겼다.

Voca Coach

0420 be made of

~으로 만들어지다, ~으로 구성되다

The dish **is made of** ham, cheese, and tomatoes.

그 요리는 햄, 치즈, 토마토로 만들어진다.

Advanced

0421 **boil** [bɔil]

b l

동 끓이다, 삶다

How long should I **boil** the eggs?

달걀을 얼마나 오래 삶아야 하나요?

명 boiler 보일러, 난방기

0422 **peel** [pi:l]

p l

동 껍질을 벗기다 명 껍질

It's easy to **peel** the potatoes.

감자 껍질을 벗기는 것은 쉽다.

0423 **delicious** [dilíʃəs]

deli

형 아주 맛있는

This ice cream is so **delicious**.

이 아이스크림은 정말 맛있다.

≒ yummy 맛있는

0424 **flour** [fláuər]

fl

명 밀가루, (곡물의) 가루

Macaroons are not made of **flour**.

마카롱은 밀가루로 만들지 않는다.

0425 **noodle** [nú:dl]

dle

명 국수, 면

I like all kinds of **noodles**.

나는 모든 종류의 면을 좋아한다.

noodle은 주로 복수로 쓰여요.

Daily Check

정답 p.308

A 영어는 우리말로, 우리말은 영어로 쓰시오.

01 fry
02 milk
03 oil
04 sugar
05 juice
06 cut
07 salt
08 salad
09 bake
10 food
11 pepper
12 delicious
13 be made of
14 고기
15 소스, 양념
16 요리하다; 요리사
17 섞다, 혼합하다
18 빵
19 간단한 식사, 간식
20 식사, 끼니
21 끓이다, 삶다
22 껍질을 벗기다; 껍질
23 쌀, 밥
24 밀가루
25 국수, 면

B 다음 표현을 우리말로 쓰시오.

01 fresh salad
02 a cup of milk
03 tomato sauce
04 a loaf of bread
05 all kinds of noodles

C 빈칸에 알맞은 단어를 쓰시오.

01 ______ : oily = 기름 : 기름진

02 ______ : juicy = 주스 : 즙이 많은

03 ______ : boiler = 끓이다, 삶다 : 보일러, 난방기

04 ______ : looker = 요리사 : 조리 도구

05 yummy ≒ d______ = 맛있는

06 ______ : baker = 굽다 : 제빵사

D 암기한 단어를 이용하여 다음 문장을 완성하시오.

01 그는 사과 하나를 반으로 잘랐다.

→ He ______ an apple in half.

'자르다'의 과거형은 현재형과 같아요.

02 네가 가장 좋아하는 음식은 뭐니?

→ What's your favorite ______?

03 대부분의 사람들은 하루에 세 끼를 먹는다.

→ Most people eat three ______ a day.

'세 끼'이므로 복수형으로 써야 해요.

04 소금과 후추 좀 건네주세요.

→ Please pass me the salt and ______.

05 한국인들은 보통 매일 밥을 먹는다.

→ Koreans usually eat ______ every day.

06 그 요리는 햄, 치즈, 토마토로 만들어졌다.

→ The dish ______ ______ ______ ham, cheese, and tomatoes.

DAY 17

월
일
DAY 18

Restaurant

☑ 오늘은 식당 관련 단어를 집중해서 암기할 거예요.

PREVIEW 아는 단어에 체크해 보세요. 아는 단어 ____ / 25개

0426 □ drink
0427 □ cup
0428 □ menu
0429 □ table
0430 □ fork
0431 □ spoon
0432 □ knife
0433 □ plate
0434 □ dish
0435 □ soup
0436 □ waiter
0437 □ seat
0438 □ chef
0439 □ more
0440 □ order
0441 □ hungry
0442 □ thirsty
0443 □ pour
0444 □ serve
0445 □ eat out
0446 □ dessert
0447 □ refill
0448 □ restaurant
0449 □ chopstick
0450 □ take away

Basic

Voca Coach

0426 □□□ **drink** [driŋk] d ___ k

동 **마시다**

What would you like to **drink**?

무엇을 마시겠습니까?

(과거형) drank-drunk

0427 □□□ **cup** [kʌp] c ___

명 **컵, 잔**

Is there apple juice in your **cup**?

네 컵에 사과 주스가 있니?

a cup of tea 차 한 잔

0428 □□□ **menu** [ménjuː] ___ nu

명 **메뉴, 식단표**

Chicken salad is not on the **menu**.

메뉴에 치킨 샐러드가 없다.

0429 □□□ **table** [téibl] ta ___

명 **식탁, 탁자**

Get a **table** at the restaurant.

그 식당에서 자리를 잡으세요.

get a table 식당에서 자리를 잡다

0430 □□□ **fork** [fɔːrk] ___ k

명 **포크**

I asked for **forks** for the kids.

나는 아이들을 위해 포크를 부탁했다.

knife and fork의 순서로 써요.

0431 □□□ **spoon** [spuːn] s ___

명 **숟가락**

He gave the baby a small **spoon**.

그는 아기에게 작은 숟가락을 주었다.

a spoonful of ~ 한 숟가락

Intermediate

Voca Coach

0432 knife

[naif]

□□□ fe

명 칼, 나이프

I cut the steak with a **knife**.

나는 칼로 스테이크를 잘랐다.

k는 묵음(소리나지 않는 음)이에요.

0433 plate

[pleit]

□□□ te

명 접시, 그릇

Do you need a big **plate** for the pizza?

너는 피자에 큰 접시가 필요하니?

0434 dish

[diʃ]

di □□□

명 접시; 요리

My sister broke the **dish** by mistake.

내 여동생이 실수로 접시를 깼다.

I like Mexican dishes. 나는 멕시코 요리를 좋아한다.

wash the dishes 설거지하다

0435 soup

[su:p]

s □□ p

명 수프, 국

The **soup** is too hot to eat now.

수프는 너무 뜨거워서 지금 먹을 수 없다.

0436 waiter

[wéitər]

□□□ ter

명 종업원, 웨이터

The **waiter** served our meals quickly.

웨이터가 우리 식사를 빨리 차려 냈다.

동 wait(기다리다) + -er ('~하는 사람'을 뜻하는 접미사)

0437 seat

[si:t]

s □□ t

명 자리, 좌석

There were **seats** for six people at the table.

식탁에는 6명을 위한 자리가 있었다.

Voca Coach

0438 **chef**
[ʃef]
f

명 **요리사, 주방장**
His father is a famous Italian **chef**.
그의 아버지는 유명한 이탈리아 요리사이다.

≒ cook 요리사

0439 **more**
[mɔː(r)]
m

형 **더 많은** 부 **더 많이**
Would you like some **more** bread?
빵 좀 더 드시겠어요?

↔ less 형 더 적은 부 더 적게

0440 **order**
[ɔ́ːrdər]
der

명 **주문** 동 **주문하다**
May I take your **order**?
주문을 받아도 될까요?

order는 '순서; 차례, 질서'라는 뜻으로도 쓰여요.
law and order 법과 질서

0441 **hungry**
[hʌ́ŋgri]
ry

형 **배고픈, 굶주린**
Emma is **hungry** because she didn't have lunch.
Emma는 점심을 먹지 않아서 배가 고팠다.

명 hunger 허기, 배고픔
↔ full 배부른

0442 **thirsty**
[θə́ːrsti]
sty

형 **목이 마른, 갈증 나는**
They felt **thirsty** after running.
그들은 달리고 나서 목이 말랐다.

명 thirst 갈증, 목마름

0443 **pour**
[pɔːr]
p

동 **붓다, 따르다**
She **poured** milk into a bowl of cereal.
그녀는 시리얼 그릇에 우유를 부었다.

0444 **serve**
[səːrv]
ve

동 **(음식을) 제공하다, 차려 내다**
The restaurant **serves** me delicious dishes.
그 식당은 나에게 맛있는 요리를 제공한다.

명 service 서비스

DAY 18

0445 **eat out**

외식하다
Let's **eat out** for dinner.
저녁으로 외식을 하자.

동 eat(먹다) + out(밖으로, 밖에서)

Advanced

0446 **dessert**
[dizə́ːrt]
de t

명 후식, 디저트
We had cake and tea for **dessert**.
우리는 후식으로 케이크와 차를 먹었다.

cf. desert [dézərt] 사막

0447 **refill**
[riːfíl]
re

동 다시 채우다, 리필하다
The waiter **refilled** the glass with water.
웨이터가 잔에 물을 다시 채웠다.

re-(다시) + 동 fill(채우다, 차다)

0448 **restaurant**
[réstərənt]
rant

명 식당, 레스토랑
I know a good Chinese **restaurant** in my town.
나는 우리 동네에 좋은 중국 식당을 알고 있다.

0449 **chopstick**
[tʃápstik]
stick

명 젓가락
Please use your **chopsticks** for noodles.
국수에는 젓가락을 사용하세요.

0450 **take away**

치우다, 빼앗다
Can you **take away** the plates?
접시들을 좀 치워 줄래?

take away는 '(테이크아웃 식당에서) 음식을 포장해 가다'라는 뜻도 있어요.

Daily Check

정답 p.308

A 영어는 우리말로, 우리말은 영어로 쓰시오.

01 chef
02 cup
03 more
04 table
05 serve
06 menu
07 refill
08 plate
09 dish
10 soup
11 restaurant
12 eat out
13 take away
14 포크
15 주문; 주문하다
16 배고픈, 굶주린
17 목이 마른
18 붓다, 따르다
19 마시다
20 칼, 나이프
21 후식, 디저트
22 숟가락
23 자리, 좌석
24 젓가락
25 종업원, 웨이터

DAY 18

B 다음 표현을 우리말로 쓰시오.

01 pour milk
02 a big plate
03 seats for six people
04 take away the plates
05 a good Chinese restaurant

C 빈칸에 알맞은 단어를 쓰시오.

01 ______________ : service = (음식을) 제공하다 : 서비스

02 ______________ ↔ less = 더 많은; 더 많이 ↔ 더 적은; 더 적게

03 cook ≑ c______________ = 요리사

04 ______________ : drank = 마시다 : 마셨다

05 thirst : ______________ = 갈증 : 목이 마른

06 fill : ______________ = 채우다 : 다시 채우다

D 암기한 단어를 이용하여 다음 문장을 완성하시오.

01 주문을 받아도 될까요?

→ May I take your ___________?

02 나는 칼로 스테이크를 잘랐다.

→ I cut the steak with a ___________.

첫 번째 글자가 묵음(소리나지 않은 음)이에요.

03 그는 아기에게 작은 숟가락을 주었다.

→ He gave the baby a small ___________.

04 우리는 후식으로 케이크와 차를 먹었다.

→ We had cake and tea for ___________.

05 저녁으로 외식을 하자.

→ Let's ___________ ___________ for dinner.

06 Emma는 점심을 먹지 않아서 배가 고팠다.

→ Emma is ___________ because she didn't have lunch.

월
일
DAY 19

Clothes

☑ 오늘은 의복 관련 단어를 집중해서 암기할 거예요.

PREVIEW 아는 단어에 체크해 보세요. 아는 단어 / 25개

0451 ☐ wear
0452 ☐ cap
0453 ☐ hat
0454 ☐ dress
0455 ☐ pants
0456 ☐ shirt
0457 ☐ skirt
0458 ☐ jeans
0459 ☐ coat
0460 ☐ belt
0461 ☐ scarf
0462 ☐ socks
0463 ☐ shoes
0464 ☐ boots
0465 ☐ gloves
0466 ☐ jacket
0467 ☐ pocket
0468 ☐ button
0469 ☐ style
0470 ☐ colorful
0471 ☐ sweater
0472 ☐ glasses
0473 ☐ drawer
0474 ☐ closet
0475 ☐ clothes

Basic

Voca Coach

0451 **wear** [wɛər] w ___ r

동 입다, 쓰다, 신다, 착용하다

Did you **wear** a red T-shirt last night?

너는 어젯밤에 빨간 티셔츠를 입었니?

(과거형) wore-worn
≒ put on 착용하다

0452 **cap** [kæp] ___ p

명 (앞 챙이 달린) 모자

The boy with the blue **cap** is my friend.

파란 모자를 쓴 소년은 내 친구이다.

0453 **hat** [hæt] h ___

명 모자

This **hat** looks good on you.

이 모자는 너에게 잘 어울린다.

0454 **dress** [dres] ___ ss

명 원피스, 드레스

She needed a new **dress**.

그녀는 새 드레스가 필요했다.

명 sundress 여름용 원피스

0455 **pants** [pænts] p ___ s

명 바지

I bought a pair of **pants** at the mall.

나는 쇼핑몰에서 바지 한 벌을 샀다.

short pants 반바지

0456 **shirt** [ʃəːrt] ___ rt

명 셔츠

His **shirt** became wet with sweat.

그의 셔츠는 땀으로 젖었다.

Intermediate

Voca Coach

0457 skirt
[skəːrt]
s t

명 치마
Who is the girl in the long **skirt**?
긴 치마를 입은 그 소녀는 누구니?

0458 jeans
[dʒiːnz]
s

명 청바지
Teenagers like to wear **jeans**.
청소년들은 청바지를 입는 것을 좋아한다.

≒ denims

0459 coat
[kout]
c t

명 코트, 외투
Put on your **coat**.
코트를 입어.

0460 belt
[belt]
t

명 벨트, 허리띠
He buckled his **belt** tightly.
그는 허리띠를 단단히 채웠다.

명 seatbelt 안전벨트

0461 scarf
[skaːrf]
s f

명 스카프, 목도리
The **scarf** is made of silk.
그 스카프는 실크로 만들어졌다.

≒ muffler 머플러, 목도리

0462 socks
[saks]
so s

명 양말
Don't take off your **socks** here.
여기서 양말을 벗지 마세요.

a pair of socks 양말 한 켤레

0463 **shoes** [ʃuːz] s

명 신발

These **shoes** are not comfortable.

이 신발은 편하지 않다.

a pair of shoes 신발 한 켤레

0464 **boots** [buːts] b ts

명 부츠, 장화, 목이 긴 신발

Farmers wear long **boots** to work.

농부들을 일하기 위해 긴 장화를 신는다.

a pair of boots 장화 한 켤레

0465 **gloves** [glʌvz] ves

명 장갑

My **gloves** are very warm.

내 장갑은 매우 따뜻하다.

a pair of gloves 장갑 한 켤레

0466 **jacket** [dʒǽkit] ket

명 재킷, (겉에 입는) 상의

He is wearing a black **jacket**.

그는 검은 재킷을 입고 있다.

0467 **pocket** [pákit] po et

명 주머니, 호주머니

The train ticket is in my **pocket**.

기차표는 내 주머니 안에 있다.

pocket money 용돈

0468 **button** [bʌ́tən] bu

명 단추; 버튼

How many **buttons** does the shirt have?

이 셔츠는 얼마나 많은 단추가 있니?

Press the on[off] button.
켜짐[꺼짐] 버튼을 누르세요.

0469 **style** [stail] le

명 스타일, 방식

I like the **style** of her clothes.

나는 그녀의 옷 스타일이 좋다.

명 lifestyle 생활 방식

Voca Coach

0470 colorful

[kʌ́lərfəl]

ful

형 다채로운, 색채가 풍부한

The models wore **colorful** dresses.

모델들은 다채로운 색깔의 드레스를 입었다.

명 color(색깔)+-ful('~으로 가득한'을 뜻하는 접미사)

Advanced

0471 sweater

[swétər]

ter

명 스웨터

Dad got me a **sweater** for a present.

아빠는 나에게 선물로 스웨터를 주셨다.

0472 glasses

[glǽsiz]

es

명 안경

Mom wore **glasses** for driving.

엄마는 운전하기 위해 안경을 썼다.

명 sunglasses 선글라스, 색안경

0473 drawer

[drɔːr]

wer

명 서랍

You can find the sweater in the **drawer**.

너는 서랍에서 그 스웨터를 찾을 수 있어.

0474 closet

[klɑ́zit]

clo

명 벽장, 옷장

He has a **closet** full of jackets.

그는 재킷으로 가득한 벽장이 있다.

0475 clothes

[klouðz]

thes

명 옷, 의복

We borrowed each other's **clothes**.

우리는 서로의 옷을 빌려 입었다.

≒ outfit 의복

DAY 19

Daily Check

정답 p.308

A 영어는 우리말로, 우리말은 영어로 쓰시오.

01 shoes
02 cap
03 hat
04 socks
05 pants
06 gloves
07 boots
08 jeans
09 style
10 belt
11 drawer
12 sweater
13 clothes
14 치마
15 셔츠
16 재킷, 상의
17 주머니, 호주머니
18 단추; 버튼
19 입다, 착용하다
20 다채로운
21 원피스, 드레스
22 안경
23 스카프, 목도리
24 벽장, 옷장
25 코트, 외투

B 다음 표현을 우리말로 쓰시오.

01 a blue cap
02 a new dress
03 in the drawer
04 a pair of pants
05 the style of her clothes

C 빈칸에 알맞은 단어를 쓰시오.

01 j______________ ≒ denims = 청바지

02 color : ______________ = 색깔 : 다채로운

03 ______________ : sunglasses = 안경 : 선글라스

04 muffler ≒ s______________ = 머플러 ≒ 스카프, 목도리

05 ______________ : wore = 입다 : 입었다

06 outfit ≒ c______________ = 의복

D 암기한 단어를 이용하여 다음 문장을 완성하시오.

01 그는 허리띠를 단단히 채웠다.

→ He buckled his __________ tightly.

02 그는 재킷으로 가득한 벽장이 있다.

→ He has a __________ full of jackets.

03 기차표는 내 주머니 안에 있다.

→ The train ticket is in my __________.

04 여기서 양말을 벗지 마세요.

→ Don't take off your __________ here.

'양말'은 보통 한 켤레로 신기 때문에 -s를 붙인 형태를 써요.

05 긴 치마를 입은 그 소녀는 누구니?

→ Who is the girl in the long __________?

06 그의 셔츠는 땀으로 젖었다.

→ His __________ became wet with sweat.

DAY 19

월
일

DAY 20

Shopping

☑ 오늘은 쇼핑 관련 단어를 집중해서 암기할 거예요.

PREVIEW 아는 단어에 체크해 보세요. 아는 단어 ___ / 25개

0476 ☐ buy
0477 ☐ sell
0478 ☐ money
0479 ☐ get
0480 ☐ take
0481 ☐ store
0482 ☐ thing
0483 ☐ pay
0484 ☐ spend
0485 ☐ carry
0486 ☐ count
0487 ☐ waste
0488 ☐ bill
0489 ☐ price
0490 ☐ mall
0491 ☐ sale
0492 ☐ coupon
0493 ☐ list
0494 ☐ cheap
0495 ☐ shopper
0496 ☐ choose
0497 ☐ expensive
0498 ☐ discount
0499 ☐ customer
0500 ☐ manager

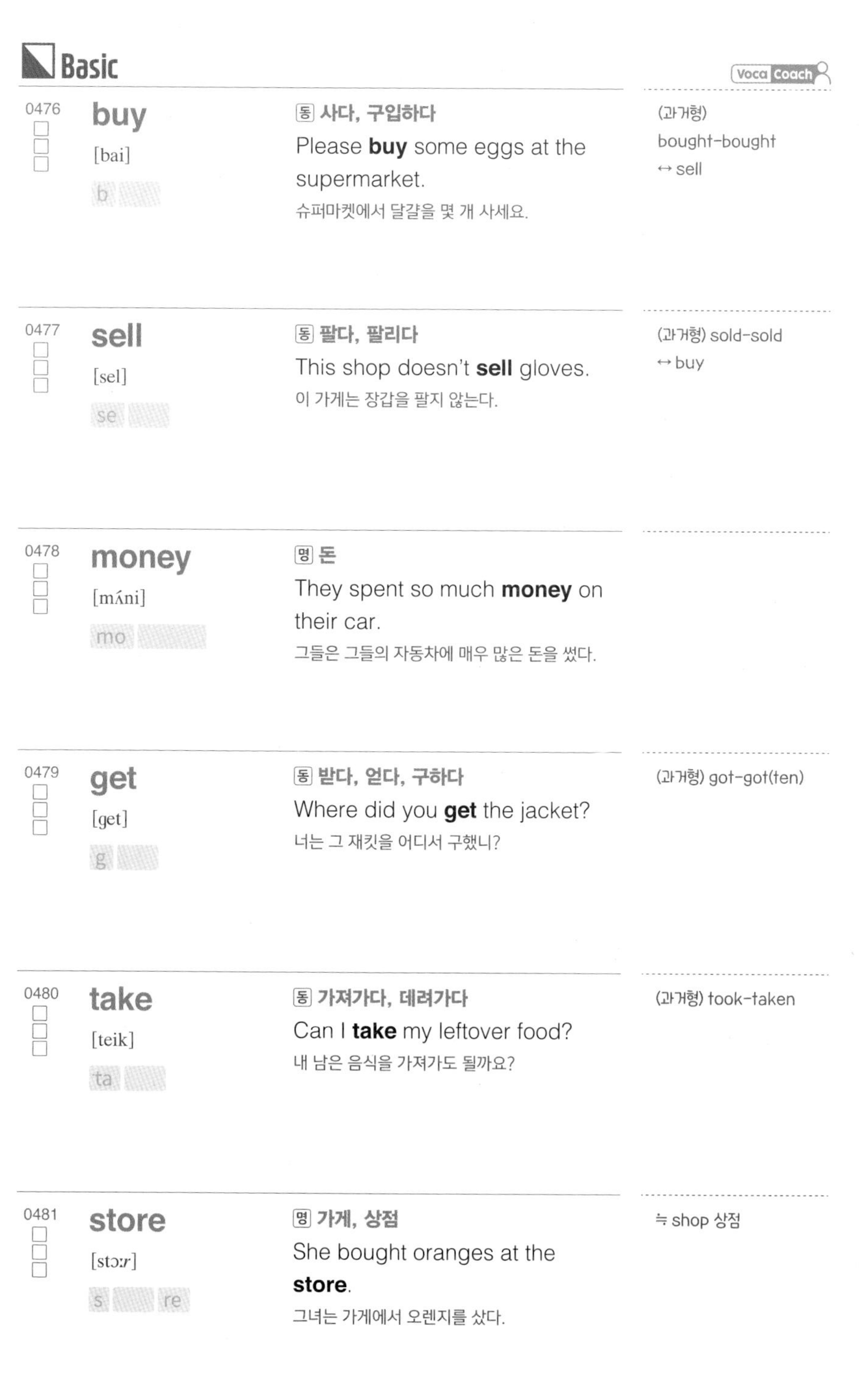

Basic

Voca Coach

0476 **buy** [bai] b

동 **사다, 구입하다**

Please **buy** some eggs at the supermarket.

슈퍼마켓에서 달걀을 몇 개 사세요.

(과거형) bought-bought
↔ sell

0477 **sell** [sel] se

동 **팔다, 팔리다**

This shop doesn't **sell** gloves.

이 가게는 장갑을 팔지 않는다.

(과거형) sold-sold
↔ buy

0478 **money** [mʌ́ni] mo

명 **돈**

They spent so much **money** on their car.

그들은 그들의 자동차에 매우 많은 돈을 썼다.

0479 **get** [get] g

동 **받다, 얻다, 구하다**

Where did you **get** the jacket?

너는 그 재킷을 어디서 구했니?

(과거형) got-got(ten)

0480 **take** [teik] ta

동 **가져가다, 데려가다**

Can I **take** my leftover food?

내 남은 음식을 가져가도 될까요?

(과거형) took-taken

0481 **store** [stɔːr] s re

명 **가게, 상점**

She bought oranges at the **store**.

그녀는 가게에서 오렌지를 샀다.

≒ shop 상점

DAY 20

0482 □□□ **thing** [θiŋ] ▒ng

명 물건, 것

What is that **thing** on the floor?

바닥에 있는 저것은 뭐야?

대 something 어떤 것, 무언가
대 everything 모든 것, 모두

Intermediate

0483 □□□ **pay** [pei] p▒

동 지불하다, 내다

How would you like to **pay**, with cash or by card?

현금과 카드 중 어떻게 지불하시겠습니까?

(과거형) paid-paid

0484 □□□ **spend** [spend] s▒d

동 (돈 · 시간 등을) 쓰다, 소비하다

We **spent** 20 dollars buying shirts.

우리는 셔츠를 사는 데 20달러를 썼다.

(과거형) spent-spent

0485 □□□ **carry** [kǽri] ca▒

동 나르다, 운반하다, 가지고 다니다

I bought too much to **carry**.

나는 운반하기에는 너무 많이 샀다.

0486 □□□ **count** [kaunt] ▒t

동 세다, 계산하다

The clerk didn't **count** the pants.

그 점원은 그 바지를 계산하지 않았다.

0487 □□□ **waste** [weist] ▒te

동 낭비하다 명 낭비

She **wasted** her money on clothes.

그녀는 옷에 돈을 낭비했다.

waste는 '쓰레기, 폐기물'이라는 뜻으로도 쓰여요.
food waste 음식물 쓰레기

0488 **bill**
[bil]
bi ___

명 지폐; 계산서
He called the waiter for the **bill**.
그는 계산서를 받기 위해 웨이터를 불렀다.

a ten-dollar bill
10달러짜리 지폐

0489 **price**
[prais]
pri ___

명 값, 가격
I got the house at a good **price**.
나는 좋은 가격에 집을 얻었다.

0490 **mall**
[mɔːl]
m ___

명 쇼핑몰, 쇼핑센터
This big **mall** has everything you want.
이 큰 쇼핑몰은 네가 원하는 모든 것이 있다.

shopping mall 쇼핑몰

0491 **sale**
[seil]
___ le

명 판매; 할인 판매
I'm sorry. It's not for **sale**.
죄송합니다. 그것은 판매용이 아닙니다.

I got this dress on sale.
나는 이 원피스를 할인할 때 샀다.

0492 **coupon**
[kjúːpɑn]
___ pon

명 쿠폰, 할인권
The store gave us **coupons** for free ice cream.
그 가게는 우리에게 무료 아이스크림 쿠폰을 주었다.

DISCOUNT
GIFT VOUCHER
10%OFF
COUPON

0493 **list**
[list]
___ t

명 리스트, 목록
What's on your shopping **list**?
너의 쇼핑 목록에는 무엇이 있니?

0494 **cheap**
[tʃiːp]
ch ___ p

형 값싼, 저렴한
The food here is **cheap** but delicious.
여기 음식은 저렴하지만 맛있다.

↔ expensive 비싼

0495 □□□ **shopper** [ʃápər] ▒▒per

명 **쇼핑객, 구매자**
There are a lot of **shoppers** at the market.
시장 안에 쇼핑객들이 많다.

동 shop(상점, 쇼핑하다) + -(p)er

Advanced

0496 □□□ **choose** [tʃuːz] ▒▒se

동 **선택하다, 고르다**
Which color would you **choose**, black or white?
검은색과 하얀색 중 어느 색을 고르시겠어요?

(과거형) chose-chosen
명 choice 선택

0497 □□□ **expensive** [ikspénsiv] ▒▒sive

형 **비싼**
They had dinner at an **expensive** restaurant.
그들은 비싼 식당에서 저녁을 먹었다.

≒ pricy
↔ cheap 저렴한

0498 □□□ **discount** [dískaunt] ▒▒count

명 **할인** 동 **할인하다**
Do you give any **discounts**?
할인을 좀 해 주시나요?

0499 □□□ **customer** [kʌ́stəmər] ▒▒mer

명 **손님, 고객**
The **customers** liked the company's service.
고객들은 그 회사의 서비스를 좋아했다.

0500 □□□ **manager** [mǽnidʒər] ▒▒ger

명 **매니저, 관리자**
She is working as a **manager** at the bank.
그는 은행에서 관리자로 일하고 있다.

동 manage(관리하다) + -(e)r

Daily Check

정답 p.308

A 영어는 우리말로, 우리말은 영어로 쓰시오.

01 list
02 sell
03 mall
04 get
05 manager
06 store
07 thing
08 buy
09 spend
10 discount
11 take
12 waste
13 shopper
14 지불하다, 내다
15 돈
16 판매; 할인 판매
17 쿠폰, 할인권
18 값, 가격
19 값싼, 저렴한
20 나르다, 운반하다
21 선택하다, 고르다
22 비싼
23 세다, 계산하다
24 손님, 고객
25 지폐; 계산서

B 다음 표현을 우리말로 쓰시오.

01 at a good price
02 count the pants
03 spend 20 dollars
04 your shopping list
05 take my leftover food

C 빈칸에 알맞은 단어를 쓰시오.

01 manage : ______________ = 관리하다 : 매니저, 관리자

02 ______________ ↔ cheap = 비싼 ↔ 싼

03 shop : ______________ = 상점; 쇼핑하다 : 쇼핑객

04 ______________ : choice = 선택하다 : 선택

05 s______________ ≒ shop = 상점

06 buy ↔ ______________ = 사다 ↔ 팔다

D 암기한 단어를 이용하여 다음 문장을 완성하시오.

01 바닥에 있는 저것은 뭐니?

→ What is that __________ on the floor?

02 너는 그 재킷을 어디서 구했니?

→ Where did you __________ the jacket?

03 그는 계산서를 받기 위해 웨이터를 불렀다.

→ He called the waiter for the __________.

04 여기 음식은 저렴하지만 맛있다.

→ The food here is __________ but delicious.

반의어는 expensive(비싼)예요.

05 그들은 그들의 자동차에 매우 많은 돈을 썼다.

→ They spent so much __________ on their car.

06 고객들은 그 회사의 서비스를 좋아했다.

→ The __________ liked the company's service.

'고객들'이므로 명사의 복수형을 써요.

DAY 16~20 누적 테스트

* 꼭 암기해야 하는 중요도 최상의 단어들을 확인하세요.

A 영어를 우리말로 쓰시오.

01	thirsty		11	wrong	
02	pour		12	chopstick	
03	absent		13	delicious	
04	plate		14	gloves	
05	boil		15	difficult	
06	closet		16	clothes	
07	expensive		17	price	
08	sugar		18	meal	
09	customer		19	carry	
10	lesson		20	jeans	

B 우리말을 영어로 쓰시오.

01	숙제, 과제		11	빵	
02	칼, 나이프		12	늦은; 늦게	
03	쌀, 밥		13	자리, 좌석	
04	안경		14	팔다, 팔리다	
05	해결하다, 풀다		15	고기	
06	입다, 쓰다, 신다		16	치마	
07	주머니, 호주머니		17	출석하다, 참석하다	
08	섞다, 혼합하다		18	지불하다, 내다	
09	낭비하다; 낭비		19	배고픈, 굶주린	
10	후식, 디저트		20	선택하다, 고르다	

C 다음 표현을 우리말로 쓰시오.

01 colorful dresses ____________________

02 your favorite food ____________________

03 eat out for dinner ____________________

04 an interesting topic ____________________

05 spend so much money ____________________

06 the point of this lesson ____________________

D 암기한 단어를 이용하여 다음 문장을 완성하시오.

01 주문을 받아도 될까요?

→ May I take your ___________?

02 마카롱은 밀가루로 만들지 않는다.

→ Macaroons are not made of ___________.

03 나는 쇼핑몰에서 바지 한 벌을 샀다.

→ I bought a pair of ___________ at the mall.

04 그 점원은 그 바지를 계산하지 않았다.

→ The clerk didn't ___________ the pants.

05 그는 계산서를 받기 위해 웨이터를 불렀다.

→ He called the waiter for the ___________.

06 그녀는 시험을 위해 그녀의 필기를 복습했다.

→ She ___________ her notes for the exam.

'복습했다'이므로 -ed를 붙여 과거형으로 써요.

월
일

DAY 21

Time

☑ 오늘은 시간 관련 단어를 집중해서 암기할 거예요.

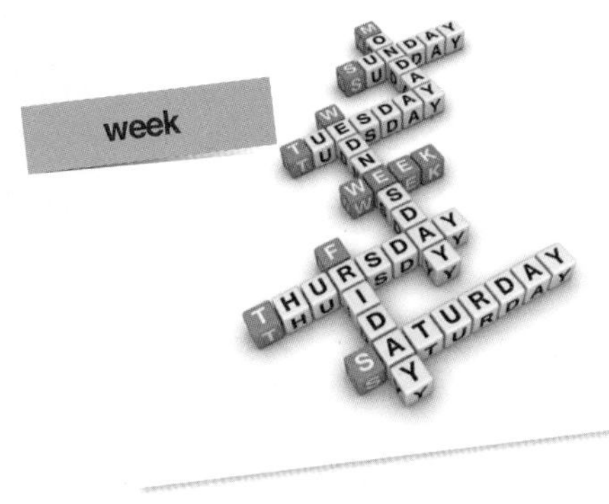

PREVIEW 아는 단어에 체크해 보세요. 아는 단어 / 25개

0501 □ time
0502 □ when
0503 □ day
0504 □ today
0505 □ now
0506 □ date
0507 □ early
0508 □ yesterday
0509 □ tomorrow
0510 □ noon
0511 □ morning
0512 □ afternoon
0513 □ evening
0514 □ night
0515 □ tonight
0516 □ week
0517 □ weekend
0518 □ month
0519 □ year
0520 □ past
0521 □ future
0522 □ hour
0523 □ minute
0524 □ calendar
0525 □ moment

Basic

Voca Coach

0501 time
[taim]
ti ____

명 시간, 시각
What **time** is it now?
지금 몇 시인가요?

time은 시계상의 시각이나 시간뿐만 아니라 일반적인 시간을 뜻하기도 해요.
We had a great time.
우리는 즐거운 시간을 보냈다.

0502 when
[*h*wen]
____ en

부 언제, ~한 때
When is your sister's birthday?
너의 여동생의 생일은 언제니?

의문문을 만들 때 when은 항상 문장 맨 앞에 위치해요.

0503 day
[dei]
d ____

명 하루, 날, 요일
Have a nice **day**!
좋은 하루 되세요!

'모든'이라는 뜻의 every와 함께 쓰인 every day는 '매일'이라는 뜻이에요.
I study every day.
나는 매일 공부한다.

0504 today
[tədéi]
____ day

명 부 오늘
It's too hot **today**, isn't it?
오늘 너무 덥네요, 그렇지 않아요?

0505 now
[nau]
n ____

부 지금, 이제
He is in the hospital **now**.
그는 지금 병원에 있다.

'요즘'이라고 말할 때는 nowadays라고 써요.

0506 date
[deit]
d ____ e

명 날짜
What is the **date** today?
오늘은 며칠입니까?

date는 '만날 약속, 데이트'를 뜻하기도 해요.
I have a date today.
나는 오늘 데이트가 있어.

Intermediate

Voca Coach

0507 **early** [ɔ́:rli]
ly

형 이른 부 일찍
Mom always gets up **early**.
엄마는 항상 일찍 일어나신다.

↔ late 형 늦은 부 늦게

0508 **yesterday** [jéstərdèi]
day

부 명 어제
What did you do **yesterday**?
너는 어제 뭐 했니?

'그저께'는 the day before yesterday로 표현해요.

0509 **tomorrow** [təmɔ́:rou]
tomo

부 명 내일
My grandparents will leave **tomorrow**.
나의 조부모님은 내일 떠나신다.

yesterday(어제), today(오늘), tomorrow(내일)는 함께 묶어서 기억하세요.

0510 **noon** [nu:n]
n n

명 정오, 낮 12시
Let's meet at **noon** tomorrow.
내일 정오(낮 12시)에 만나자.

0511 **morning** [mɔ́:rniŋ]
ning

명 아침, 오전
I usually get up at 7 in the **morning**.
나는 보통 아침 7시에 일어난다.

'아침[오전]에'는 in the morning으로 표현해요.

0512 **afternoon** [æ̀:ftərnú:n]
after

명 오후
We went to the park in the **afternoon**.
우리는 오후에 공원에 갔다.

after(~ 후에)+noon(정오)

0513 **evening** [íːvniŋ]

ning

명 저녁

I watch TV in the **evening**.

나는 저녁에 TV를 본다.

in the evening 저녁에

0514 **night** [nait]

ni t

명 밤, 야간

We can see stars at **night**.

우리는 밤에 별을 볼 수 있다.

'밤에'라고 표현할 때는 at night이라고 해요.

0515 **tonight** [tənáit]

to

명 오늘 밤 부 오늘 밤에

I have a special party **tonight**.

나는 오늘 밤에 특별한 파티가 있다.

0516 **week** [wiːk]

w k

명 주, 일주일

A **week** has seven days.

일주일은 7일이다.

Sunday(일), Monday(월), Tuesday(화), Wednesday(수), Thursday(목), Friday(금), Saturday(토)

0517 **weekend** [wíːkènd]

end

명 주말

How was your **weekend**?

주말은 어땠니?

'평일(토·일요일 이외의 날)'은 weekday라고 해요.

0518 **month** [mʌnθ]

th

명 달, 월

She has a birthday this **month**.

그녀는 이번 달에 생일이 있다.

한 달의 기간을 나타내는 '개월'의 의미도 있어요.

0519 **year** [jiər]

r

명 한 해, 1년

My family went there last **year**.

나의 가족은 작년에 거기 갔었다.

Voca Coach

DAY 21

0520 **past** [pæst]

pa

명 과거

They were rich in the **past**.

그들은 과거에 부유했다.

↔ future

0521 **future** [fjúːtʃər]

fu

명 미래

What do you want to be in the **future**?

너는 미래에 무엇이 되고 싶니?

↔ past

Advanced

0522 **hour** [áuər]

r

명 시간, 한 시간

We study 6 **hours** per day.

우리는 하루에 6시간 공부한다.

'30분'은 a half hour 또는 half an hour라고 해요.

0523 **minute** [mínit]

te

명 (시간 단위) 분

Please wait for 10 **minutes**.

10분 동안 기다려 주세요.

'(시간 단위) 초'는 second라고 해요.

0524 **calendar** [kǽləndər]

dar

명 달력

The girl is looking at the **calendar**.

그 소녀는 달력을 보고 있다.

'음력'은 lunar calendar 라고 해요.

0525 **moment** [móumənt]

mo

명 잠깐, 순간

Let's think for a **moment**.

잠시 생각해 보자.

for a minute[second]도 '잠시'라는 의미로 사용해요.

정답 p.309

A 영어는 우리말로, 우리말은 영어로 쓰시오.

01 future
02 when
03 day
04 night
05 now
06 minute
07 early
08 yesterday
09 calendar
10 year
11 morning
12 weekend
13 evening
14 시간, 시각
15 오늘 밤
16 주, 일주일
17 오늘
18 달, 월
19 정오, 낮 12시
20 과거
21 오후
22 시간, 한 시간
23 날짜
24 내일
25 잠깐, 순간

B 다음 표현을 우리말로 쓰시오.

01 last year
02 a nice day
03 this month
04 for a moment
05 in the morning

C 빈칸에 알맞은 단어를 쓰시오.

01 week : ______________ = 주 : 주말

02 future ↔ ______________ = 미래 ↔ 과거

03 night : ______________ = 밤 : 오늘 밤

04 ______________ ↔ late = 이른 ↔ 늦은

05 day : ______________ = 날, 요일 : 오늘

06 noon : ______________ = 정오 : 오후

D 암기한 단어를 이용하여 다음 문장을 완성하시오.

01 지금 몇 시인가요?

→ What __________ is it now?

02 너는 어제 뭐 했어?

→ What did you do __________?

03 나는 저녁에 TV를 본다.

→ I watch TV in the __________.

04 우리는 하루에 6시간 공부한다.

→ We study 6 __________ per day.

'6시간'이므로 -s를 붙여 복수형으로 써요.

05 내일 정오(낮 12시)에 만나자.

→ Let's meet at __________ tomorrow.

06 너의 여동생의 생일은 언제니?

→ __________ is your sister's birthday?

문장 맨 앞 글자는 대문자로 써요.

월
일
DAY 22

Sequence & Frequency

☑ 오늘은 순서와 빈도 관련 단어를 집중해서 암기할 거예요.

PREVIEW 아는 단어에 체크해 보세요. 아는 단어 ___ / 25개

- 0526 ☐ too
- 0527 ☐ again
- 0528 ☐ before
- 0529 ☐ after
- 0530 ☐ last
- 0531 ☐ next
- 0532 ☐ end
- 0533 ☐ always
- 0534 ☐ usually
- 0535 ☐ often
- 0536 ☐ sometimes
- 0537 ☐ never
- 0538 ☐ almost
- 0539 ☐ first
- 0540 ☐ second
- 0541 ☐ third
- 0542 ☐ final
- 0543 ☐ step
- 0544 ☐ once
- 0545 ☐ twice
- 0546 ☐ already
- 0547 ☐ while
- 0548 ☐ one by one
- 0549 ☐ take turns
- 0550 ☐ all day (long)

Basic

Voca Coach

0526 **too** [tuː] t

부 너무; ~도 (또한)

Don't use **too** much water.
너무 물을 많이 쓰지 마.

'~도 (또한)'이라는 뜻으로 쓰일 때는 보통 문장 맨 끝에 써요.
I love you too.
나도 너를 사랑해.

0527 **again** [əgén] a n

부 다시, 한 번 더

Could you say it **again**?
다시 말씀해 주시겠어요?

≒ once more 한 번 더

0528 **before** [bifɔ́ːr] be

전 접 ~ 전[앞]에

She brushes her teeth **before** going to bed.
그녀는 자기 전에 이를 닦는다.

↔ after

0529 **after** [ǽftər] af

전 접 ~ 후[뒤]에

We have a test **after** lunch.
우리는 점심 식사 후에 시험이 있다.

↔ before

0530 **last** [læst] la

형 지난; 마지막의; 최근의

It snowed a lot **last** week.
지난주에 눈이 아주 많이 내렸다.

↔ next

0531 **next** [nekst] t

형 다음의

The **next** train is at 11.
다음 기차는 11시에 있습니다.

↔ last

DAY 22

0532 end
[end]
e

명 (장소·이야기의) 끝 동 끝나다, 끝내다
Turn left at the **end** of the road.
도로 끝에서 좌회전하세요.

The movie ended 5 minutes ago.
그 영화는 5분 전에 끝났다.

Intermediate

0533 always
[ɔ́:lweiz]
al

부 항상, 언제나
My dad is **always** busy.
나의 아빠는 항상 바쁘시다.

0534 usually
[jú:ʒuəli]
ly

부 보통, 대개
I **usually** go to school before 8.
나는 보통 8시 전에 학교에 간다.

빈도 부사 (얼마나 자주)

100%	always
80~90%	usually
60~70%	often
40~50%	sometimes
0%	never

0535 often
[ɔ́(:)fən]
en

부 자주, 흔히
How **often** do you exercise?
얼마나 자주 운동을 하세요?

0536 sometimes
[sʌ́mtàimz]
some

부 때때로, 가끔
We **sometimes** make mistakes.
우리는 때때로 실수를 한다.

0537 never
[névər]
ne

부 절대 ~ 않다
Never give up!
절대 포기하지 마!

0538 **almost** [ɔ́ːlmoust]
al ____

㊮ 거의
I'm **almost** ready.
나는 거의 준비가 되었다.

0539 **first** [fəːrst]
____ st

㊪ 첫 번째의 ㊮ 우선, 처음(으로)
Science is the **first** class today.
과학은 오늘 첫 번째 수업이다.

I first met her last year.
나는 작년에 처음으로 그녀를 만났다.

0540 **second** [sékənd]
se ____

㊪ 두 번째의
The store is on the **second** floor.
그 가게는 2층에 있다.

second는 '(시간 단위) 초'를 뜻하기도 해요.
60 seconds make one minute.
60초는 1분이다.

0541 **third** [θəːrd]
____ rd

㊪ 세 번째의
I'm in the **third** grade.
나는 3학년이다.

네 번째부터는 숫자 뒤에 -th를 붙여서 말해요.
fourth 네 번째,
fifth 다섯 번째,
sixth 여섯 번째,
seventh 일곱 번째 …

0542 **final** [fáinəl]
fi ____

㊪ 마지막의, 최종의 ㊔ 결승
The **final** test is tomorrow.
마지막 시험은 내일이다.

≒ last 마지막의

0543 **step** [step]
st ____

㊔ 단계; 걸음
This is the first **step**.
이것은 첫 번째 단계입니다.

step by step 하나씩, 차근차근

0544 **once** [wʌns]
____ ce

㊮ 한 번
We meet **once** a week.
우리는 일주일에 한 번 만난다.

≒ one time
<숫자+time(s)>은 '한 번, 두 번, 세 번…'을 나타내요.

Advanced

Voca Coach

0545 □□□ **twice** [twais] ▨ce

부 **두 번; 두 배**
Always think **twice**.
항상 두 번 생각해 봐.

≒ two times 두 번
≒ double 두 배

0546 □□□ **already** [ɔːlrédi] al▨

부 **이미, 벌써**
He **already** spent it all.
그는 벌써 그것을 다 썼다.

↔ yet 아직

0547 □□□ **while** [*h*wail] ▨le

접 **~하는 동안; ~에 반하여**
Can you wait a moment **while** I buy it?
내가 그것을 살 동안 잠깐 기다려 줄래?

0548 □□□ **one by one**

하나[한 명]씩
Please come **one by one**.
한 명씩 오세요.

step by step이 단계를 올라가는 느낌이라면 one by one은 '차례'의 뉘앙스예요.

0549 □□□ **take turns**

번갈아 하다, 순서대로 하다
Let's **take turns** reading books.
돌아가면서 책을 읽어 보자.

명 turn 차례, 순서
교대로 하려면 두 명 이상이 해야 하기 때문에 복수형 turns를 써요.

0550 □□□ **all day (long)**

하루 종일
I cried **all day long**.
나는 하루 종일 울었다.

all(모든)+day(날)
뒤에 long을 붙이면 '내내'라는 뜻이 강조돼요.

Daily Check

정답 p.309

A 영어는 우리말로, 우리말은 영어로 쓰시오.

01 too
02 often
03 before
04 first
05 last
06 once
07 end
08 final
09 usually
10 while
11 sometimes
12 already
13 take turns
14 항상, 언제나
15 두 번째의
16 세 번째의
17 한 번 더, 다시
18 단계; 걸음
19 ~ 후[뒤]에
20 두 번; 두 배
21 절대 ~ 않다
22 다음의
23 하나[한 명]씩
24 거의
25 하루 종일

B 다음 표현을 우리말로 쓰시오.

01 after lunch
02 always busy
03 the next train
04 too much water
05 in the third grade

C 빈칸에 알맞은 단어를 쓰시오.

01 ______ ↔ after = ~ 전에 ↔ ~ 후에

02 next ↔ ______ = 다음의 ↔ 지난

03 once : ______ = 한 번 : 두 번

04 ______ : second = 첫 번째의 : 두 번째의

05 f______ ≒ last = 마지막의

06 ______ ↔ yet = 이미, 벌써 ↔ 아직

D 암기한 단어를 이용하여 다음 문장을 완성하시오.

01 나는 거의 준비가 되었다.

→ I'm ______ ready.

02 이것은 첫 번째 단계이다.

→ This is the first ______.

03 다시 말씀해 주시겠어요?

→ Could you say it ______?

04 우리는 때때로 실수를 한다.

→ We ______ make mistakes.

05 돌아가면서 책을 읽어 보자.

→ Let's ______ ______ reading books.

두 명 이상이 교대로 하기 때문에 turn에 복수형인 -s를 붙여요.

06 한 명씩 오세요.

→ Please come ______ ______ ______.

월
일
DAY 23

Condition

☑ 오늘은 상태 관련 단어를 집중해서 암기할 거예요.

PREVIEW 아는 단어에 체크해 보세요. 아는 단어 ___ / 25개

0551 □ new
0552 □ busy
0553 □ free
0554 □ fast
0555 □ slow
0556 □ rich
0557 □ poor
0558 □ clean
0559 □ dirty
0560 □ simple
0561 □ ready
0562 □ heavy
0563 □ light
0564 □ open
0565 □ dead
0566 □ fresh
0567 □ dark
0568 □ bright
0569 □ sleepy
0570 □ same
0571 □ different
0572 □ terrible
0573 □ strange
0574 □ perfect
0575 □ wonderful

0551 □□□ **new** [njuː] n ////

형 **새로운**
This is my **new** mobile phone.
이것은 나의 새 휴대폰이다.

↔ old 오래된, 낡은

0552 □□□ **busy** [bízi] //// sy

형 **바쁜**
Are you **busy** today?
너는 오늘 바쁘니?

↔ free 한가한

0553 □□□ **free** [friː] fr ////

형 **자유로운; 무료의**
Children should have some **free** time.
아이들은 자유 시간을 좀 가져야 한다.

명 freedom 자유

0554 □□□ **fast** [fæst] //// st

형 **빠른** 부 **빨리, 빠르게**
I can run **fast**.
나는 빨리 달릴 수 있다.

≒ quickly 빠르게 ('신속하게'의 뉘앙스)
↔ slow 느린

0555 □□□ **slow** [slou] s ////

형 **느린**
The Wi-Fi is very **slow**.
와이파이가 매우 느리다.

부 slowly 느리게

0556 □□□ **rich** [ritʃ] ri ////

형 **부유한, 돈 많은**
That gentleman looks **rich**.
저 신사는 부유해 보인다.

↔ poor 가난한

Voca Coach

0557 **poor**
[puər]
p r

형 가난한, 불쌍한
He is actually **poor**.
그는 사실 가난하다.

a poor dog 불쌍한 강아지
↔ rich 부유한

Intermediate

0558 **clean**
[kli:n]
cl

형 깨끗한
Are your hands **clean**?
네 손은 깨끗하니?

동사로 '깨끗이 하다, 청소하다'의 의미도 있어요.
clean our hands 손을 깨끗이 하다
↔ dirty

0559 **dirty**
[də́:rti]
ty

형 더러운
The **dirty** room is my brother's.
그 더러운 방은 내 남동생 방이다.

↔ clean

0560 **simple**
[símpl]
sim

형 간단한, 단순한
The answer is very **simple**.
해답은 매우 간단하다.

0561 **ready**
[rédi]
dy

형 준비가 된
I'm **ready** to go.
나는 갈 준비가 되었어.

Ready, set, go!
준비 ~ 시작!(시합이나 경기를 할 때 사용하는 표현이에요.)

0562 **heavy**
[hévi]
vy

형 무거운
A hippo is a very **heavy** animal.
하마는 매우 무거운 동물이다.

↔ light 가벼운

0563 **light** [lait]

li ___ t

형 가벼운; 밝은 명 빛

This bag is **light**.

이 가방은 가볍다.

Turn on[off] the light.
불을 켜[꺼] 주세요.

0564 **open** [óupən]

o ___

형 열려 있는, 개방된 동 열다

The door is **open**.

문이 열려 있다.

↔ closed 닫은, 닫힌

0565 **dead** [ded]

___ d

형 죽은

I saw a **dead** fly.

나는 죽은 파리를 보았다.

↔ alive 살아 있는

0566 **fresh** [freʃ]

___ sh

형 신선한, 상쾌한

The fruits at the store are very **fresh**.

그 가게의 과일들은 매우 신선하다.

0567 **dark** [dɑːrk]

___ k

형 어두운, 캄캄한

It is **dark** here.

여기는 어둡다.

↔ bright 밝은

0568 **bright** [brait]

bri ___

형 밝은, 빛나는

Her **bright** smile always makes me happy.

그녀의 밝은 미소는 항상 나를 행복하게 한다.

bright는 '영리한, (앞날이) 밝은'의 뜻으로도 사용해요.
≒ light (색이) 밝은

0569 **sleepy** [slíːpi]

___ y

형 졸린, 졸음이 오는

I felt **sleepy** after lunch.

나는 점심 후에 졸렸다.

동 sleep(자다) + -y ('상태'를 뜻하는 접미사)

Voca Coach

0570 □□□ **same** [seim] s______

형 같은, 동일한 명 똑같은 것

Tom and I go to the **same** school.

Tom과 나는 같은 학교에 다닌다.

↔ different 다른

Advanced

0571 □□□ **different** [dífərənt] ______rent

형 다른; 여러 가지의

There are many **different** books.

많은 다른 책들이 있다.

↔ same 같은

0572 □□□ **terrible** [térəbl] ______ble

형 끔찍한, 형편없는

This apple pie tastes **terrible**.

이 사과파이는 맛이 형편없다.

≒ awful 끔찍한, 지독한

0573 □□□ **strange** [streindʒ] st______ge

형 이상한; 낯선

A **strange** thing happened today.

오늘 이상한 일이 일어났어요.

명 stranger 낯선 사람, 이방인

0574 □□□ **perfect** [pə́ːrfikt] per______

형 완벽한, 완전한

It is a **perfect** day for a picnic.

소풍 가기에 완벽한 날이다.

0575 □□□ **wonderful** [wʌ́ndərfəl] ______ful

형 멋진, 훌륭한

BTS is a **wonderful** boy band.

BTS는 훌륭한 보이 밴드이다.

명 wonder(경이로움) + -ful('~이 가득한'을 뜻하는 접미사)

Daily Check

정답 p.309

A 영어는 우리말로, 우리말은 영어로 쓰시오.

01 new

02 light

03 free

04 sleepy

05 slow

06 rich

07 bright

08 dead

09 dirty

10 wonderful

11 terrible

12 different

13 dark

14 열려 있는; 열다

15 가난한

16 신선한, 상쾌한

17 바쁜

18 준비가 된

19 빠른; 빨리, 빠르게

20 같은; 똑같은 것

21 깨끗한

22 간단한, 단순한

23 이상한; 낯선

24 완벽한, 완전한

25 무거운

B 다음 표현을 우리말로 쓰시오.

01 free time

02 very simple

03 taste terrible

04 a perfect day

05 the dirty room

C 빈칸에 알맞은 단어를 쓰시오.

01 dirty ↔ ______ = 더러운 ↔ 깨끗한

02 ______ ↔ light = 무거운 ↔ 가벼운

03 sleep : ______ = 자다 : 졸린

04 ______ ↔ poor = 부유한 ↔ 가난한

05 ______ ↔ old = 새로운 ↔ 오래된

06 wonder : ______ = 경이로움 : 멋진, 훌륭한

D 암기한 단어를 이용하여 다음 문장을 완성하시오.

01 나는 갈 준비가 되었어.

→ I'm ______ to go.

02 이 가방은 가볍다.

→ This bag is ______.

heavy의 반의어예요.

03 그는 사실 가난하다.

→ He is actually ______.

04 오늘 이상한 일이 일어났어요.

→ A ______ thing happened today.

05 Tom과 나는 같은 학교에 다닌다.

→ Tom and I go to the ______ school.

06 그 가게의 과일들은 매우 신선하다.

→ The fruits at the store are very ______.

DAY 23

월
일
DAY 24

Shape & Degree

☑ 오늘은 모양과 정도 관련 단어를 집중해서 암기할 거예요.

PREVIEW 아는 단어에 체크해 보세요. 아는 단어 / 25개

0576 ☐ high
0577 ☐ low
0578 ☐ large
0579 ☐ size
0580 ☐ line
0581 ☐ part
0582 ☐ side
0583 ☐ huge
0584 ☐ narrow
0585 ☐ wide
0586 ☐ shape
0587 ☐ round
0588 ☐ deep
0589 ☐ thick
0590 ☐ flat
0591 ☐ form
0592 ☐ dot
0593 ☐ length
0594 ☐ slight
0595 ☐ straight
0596 ☐ circle
0597 ☐ square
0598 ☐ triangle
0599 ☐ diamond
0600 ☐ loop

Basic

Voca Coach

0576 **high** [hai] hi

형 높은
That mountain is very **high**.
저 산은 매우 높다.

↔ low

0577 **low** [lou] l

형 낮은
That's a **low** price.
그것은 저렴한[낮은] 가격이다.

↔ high

0578 **large** [lɑːrdʒ] ge

형 (규모가) 큰
Seoul is a **large** city.
서울은 큰 도시이다.

≒ big (정도·양이) 큰
↔ small 작은

0579 **size** [saiz] si

명 크기; 치수
They are all the same **size**.
그것들은 모두 같은 크기이다.

0580 **line** [lain] li

명 줄, 선
Draw a **line** here.
여기에 선을 하나 그으세요.

차례를 기다리는 줄도 line을 써요.
stand in line 줄을 서다

0581 **part** [pɑːrt] t

명 일부, 부분
The first **part** is pretty easy.
첫 번째 부분은 꽤 쉽다.

DAY 24

0582 **side** [said] de
명 쪽, 면; 옆, 측면
Where is the front **side**?
어디가 앞면이에요?

Intermediate

0583 **huge** [hjuːdʒ] hu
형 (크기 · 양 · 정도가) 엄청난, 거대한
Look at the **huge** tree there!
저기 거대한 나무를 봐!
≒ large (규모가) 큰
↔ tiny 아주 작은

0584 **narrow** [nǽrou] na
형 좁은
This street is too **narrow**.
이 길은 너무 좁다.
↔ wide

narrow wide

0585 **wide** [waid] de
형 넓은
The area is too **wide**.
그 지역은 너무 넓다.
명 width 폭, 너비
↔ narrow

0586 **shape** [ʃeip] pe
명 모양, 형태
I like the heart **shape**.
나는 하트 모양을 좋아한다.
≒ form

0587 **round** [raund] nd
형 둥근, 동그란
The earth is **round**.
지구는 둥글다.

Voca Coach

0588 **deep**
[di:p]
d p

형 깊은
How **deep** is the river?
그 강은 얼마나 깊어요?

↔ shallow 얕은

0589 **thick**
[θik]
ck

형 두꺼운, 두툼한
Wow, this steak is really **thick**!
와, 이 스테이크는 진짜 두툼하다!

↔ thin 얇은, 가는

0590 **flat**
[flæt]
f

형 평평한, 납작한
The floor is **flat**.
바닥이 평평하다.

0591 **form**
[fɔːrm]
f m

명 모양, 형태 동 형성하다
Ice is a different **form** of water.
얼음은 물의 다른 형태이다.

서류나 문서의 양식을 form이라고 해요.
fill out the form
서류를 작성하다

0592 **dot**
[dɑt]
t

명 점
Put a **dot** on the paper.
종이에 점을 하나 찍으세요.

0593 **length**
[leŋkθ]
th

명 길이
The average **length** is one meter.
평균 길이는 1미터입니다.

가로×세로×높이를 말할 때 '가로'가 length예요.

0594 **slight**
[slait]
sli

형 약간의, 조금의
A **slight** wind is blowing.
약한 바람이 불고 있다.

부 slightly 약간, 조금

0595 straight
[streit]

st t

형 곧은, 똑바른 부 똑바로, 곧장
Please keep your back **straight**.
허리를 곧게 펴세요.

go straight 직진하다, 곧장 가다

Advanced

0596 circle
[sə́ːrkl]

cle

명 동그라미, 원, 원형
The alphabet O is in the shape of a **circle**.
알파벳 O는 동그라미 모양이다.

circle

0597 square
[skwɛər]

s re

명 정사각형 형 정사각형의
It is big and **square**.
그것은 크고 정사각형이다.

square

0598 triangle
[tráiæŋgl]
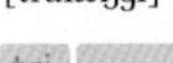
tri

명 삼각형
A **triangle** has three sides.
삼각형은 세 개의 변이 있다.

triangle

0599 diamond
[dáiəmənd]
dia

명 다이아몬드 (모양), 마름모꼴
Cut it into a **diamond** shape.
그것을 다이아몬드 모양으로 자르세요.

diamond

0600 loop
[luːp]

l p

명 고리, 올가미
I made a **loop**.
나는 고리를 만들었다.

Daily Check

정답 p.309

A 영어는 우리말로, 우리말은 영어로 쓰시오.

01 high

02 deep

03 large

04 form

05 round

06 square

07 straight

08 huge

09 narrow

10 thick

11 shape

12 diamond

13 circle

14 낮은

15 평평한, 납작한

16 크기; 치수

17 점

18 길이

19 약간의, 조금의

20 줄, 선

21 일부, 부분

22 쪽, 면; 옆

23 삼각형

24 넓은

25 고리, 올가미

B 다음 표현을 우리말로 쓰시오.

01 a low price

02 a large city

03 a slight wind

04 the front side

05 the same size

C 빈칸에 알맞은 단어를 쓰시오.

01 __________ ↔ wide = 좁은 ↔ 넓은

02 thin ↔ __________ = 얇은 ↔ 두꺼운

03 form ≒ s__________ = 모양, 형태

04 __________ ↔ low = 높은 ↔ 낮은

05 __________ ↔ shallow = 깊은 ↔ 얕은

06 h__________ ≒ large = 엄청난 ≒ 큰

D 암기한 단어를 이용하여 다음 문장을 완성하시오.

01 그것은 크고 정사각형이다.

→ It is big and __________.

02 그 지역은 너무 넓다.

→ The area is too __________.

narrow(좁은)의 반의어예요.

03 종이에 점을 하나 찍으세요.

→ Put a __________ on the paper.

04 얼음은 물의 다른 형태이다.

→ Ice is a different __________ of water.

05 평균 길이는 1미터입니다.

→ The average __________ is one meter.

06 알파벳 O는 동그라미 모양이다.

→ The alphabet O is in the shape of a __________.

월
일
DAY
25

Numbers & Quantities

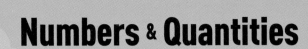

☑ 오늘은 수와 양 관련 단어를 집중해서 암기할 거예요.

PREVIEW 아는 단어에 체크해 보세요. 아는 단어 / 25개

0601 □ number
0602 □ only
0603 □ every
0604 □ all
0605 □ many
0606 □ much
0607 □ a lot of
0608 □ a few
0609 □ a little
0610 □ each
0611 □ some
0612 □ half
0613 □ enough
0614 □ nothing
0615 □ zero
0616 □ bit
0617 □ fill
0618 □ add
0619 □ hundred
0620 □ thousand
0621 □ million
0622 □ billion
0623 □ several
0624 □ amount
0625 □ weigh

Basic

Voca Coach

0601 **number**

[nʌ́mbər]

▨ber

명 수, 숫자, 번호

Add all the **numbers** together.

숫자를 모두 더하세요.

0602 **only**

[óunli]

▨ly

형 유일한 부 오직, 단지

I love **only** you.

나는 오직 당신만을 사랑합니다.

0603 **every**

[évri]

▨ry

형 모든

Almost **every** boy is interested in sports.

거의 모든 소년들은 스포츠에 관심이 있다.

every는 '모든'이라는 뜻이지만 항상 단수 명사와 함께 써요.

0604 **all**

[ɔːl]

a▨

형 모든 명 모두

All the students are in the classroom.

모든 학생들이 교실에 있다.

≒ every

0605 **many**

[méni]

▨ny

형 (수가) 많은

I have **many** books.

나는 많은 책을 가지고 있다.

many는 셀 수 있는 명사와 함께 쓰고 a lot of(많은)로 바꿔 쓸 수 있어요.

0606 **much**

[mʌtʃ]

mu▨

형 (양이) 많은

They ate too **much** food.

그들은 너무 많은 음식을 먹었다.

much는 셀 수 없는 명사와 함께 쓰고 a lot of(많은)로 바꿔 쓸 수 있어요.

Voca Coach

0607 a lot of

(수 · 양이) 많은

There are **a lot of** cars on the road.

도로에 많은 차들이 있다.

a lot of는 셀 수 있는 명사, 셀 수 없는 명사 모두와 쓸 수 있어요.

Intermediate

0608 a few

(수가) 약간의, 조금의

It takes **a few** days to finish this.

이걸 끝내는 데 며칠이 걸린다.

a few는 셀 수 있는 명사와 함께 써요. a 없이 few만 쓰면 '거의 없는'이라는 뜻이 돼요.

0609 a little

(양이) 약간의, 조금의

I have **a little** money.

나는 돈이 조금 있다.

a little은 셀 수 없는 명사와 함께 써요. a 없이 little만 쓰면 '거의 없는'이라는 뜻이 돼요.

0610 each

[iːtʃ]

ch

형 각각의, 각자의

Each class is 50 minutes.

각 수업은 50분이다.

each는 항상 단수 명사와 함께 써요.

0611 some

[sʌm]

me

형 몇몇의, 약간의, 어떤

Some people are very kind.

몇몇의 사람들은 매우 친절하다.

0612 half

[hæf]

f

명 반, 절반

Many items are at **half** price.

많은 품목들이 반값이다.

a half hour 30분

an hour and a half 1시간 30분

DAY 25

0613 **enough** [inʌ́f] ▢▢gh

형 충분한 부 충분히

We don't have **enough** water.

우리는 충분한 물이 없다.

0614 **nothing** [nʌ́θiŋ] no▢▢

대 아무것도 ~ 아니다[없다]

There is **nothing** in my bag.

내 가방에는 아무것도 없다.

함께 묶어서 외워 두세요.
something (긍정문에서) 어떤 것
anything (부정문, 의문문에서) 어떤 것
everything 모든 것

0615 **zero** [zí(ː)ərou] ▢▢ro

명 영(0) 형 영(0)의

Countdown! Five, four, three, two, one, **zero**!

카운트다운! 5, 4, 3, 2, 1, 0!

0616 **bit** [bit] b▢▢

명 조금, 약간

He looked a **bit** tired yesterday.

그는 어제 조금 피곤해 보였다.

0617 **fill** [fil] fi▢▢

동 채우다, 채워 넣다

Fill the bowl with water.

그릇을 물로 채워라.

0618 **add** [æd] a▢▢

동 추가하다, 더하다

Add a little salt and pepper.

소금과 후추를 약간 추가하세요.

↔ subtract 빼다

0619 **hundred** [hʌ́ndrəd] ▢▢red

명 백, 100 형 백의, 100의

My score is a **hundred**.

내 점수는 100점이다.

숫자와 함께 쓸 때에는 끝에 -s를 붙이지 않아요.
three hundred 300
hundreds of 수백의

Voca Coach

0620 thousand

[θáuzənd]

sand

명 천, 1,000 형 천의, 1,000의

This shirt costs five **thousand** won.

이 셔츠는 5천 원입니다.

숫자와 함께 쓸 때에는 끝에 -s를 붙이지 않아요.
thousands of 수천의

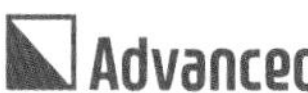

Advanced

0621 million

[míljən]

on

명 백만, 100만 형 백만의, 100만의

I saved two **million** won.

나는 이백만 원을 저축했다.

숫자와 함께 쓸 때에는 끝에 -s를 붙이지 않아요.
millions of 수백만의

0622 billion

[bíljən]

on

명 10억 형 10억의

A **billion** has nine zeros.

10억(1,000,000,000)은 0이 9개다.

숫자와 함께 쓸 때에는 끝에 -s를 붙이지 않아요.
billions of 수십억의

0623 several

[sévərəl]

ral

형 몇몇의

She called me **several** times.

그녀는 나에게 몇 번 전화했다.

some은 전체 중 일부인 '몇몇'을, several은 셀 수 있을 정도인 '몇몇'을 의미해요.

0624 amount

[əmáunt]

a t

명 양, 액수

The total **amount** will be $100.

총 금액은 100달러가 될 것입니다.

0625 weigh

[wei]

gh

동 무게가 ~이다

My dog **weighs** 4kg.

나의 개는 무게가 4kg이다.

명 weight 무게

DAY 25

Daily Check

정답 p.309

A 영어는 우리말로, 우리말은 영어로 쓰시오.

01 a little
02 thousand
03 every
04 all
05 many
06 bit
07 billion
08 a few
09 nothing
10 much
11 some
12 several
13 a lot of
14 유일한; 오직, 단지
15 영(0); 영(0)의
16 수, 숫자, 번호
17 채우다, 채워 넣다
18 추가하다, 더하다
19 백, 100; 백의
20 양, 액수
21 백만; 백만의
22 무게가 ~이다
23 충분한; 충분히
24 반, 절반
25 각각의, 각자의

B 다음 표현을 우리말로 쓰시오.

01 at half price
02 several times
03 all the students
04 the first number
05 five thousand won

C 빈칸에 알맞은 단어를 쓰시오.

01 ______________ : weight = 무게가 ~이다 : 무게

02 ______________ : much = (수가) 많은 : (양이) 많은

03 million : ______________ = 백만 : 10억

04 ______________ : a little = (수가) 약간의 : (양이) 약간의

05 ______________ : thousand = 백 : 천

06 e______________ ≒ all = 모든

DAY 25

D 암기한 단어를 이용하여 다음 문장을 완성하시오.

01 각 수업은 50분이다.

→ ___________ class is 50 minutes.

02 내 가방에는 아무것도 없다.

→ There is ___________ in my bag.

03 우리는 충분한 물이 없다.

→ We don't have ___________ water.

04 총 금액은 100달러가 될 것입니다.

→ The total ___________ will be $100.

05 소금과 후추를 약간 추가하세요.

→ ___________ a little salt and pepper.

06 도로에 많은 차들이 있다.

→ There are ___________ ___________ ___________ cars on the road.

many, much와 같은 표현이에요. 셀 수 있는 명사, 셀 수 없는 명사에 모두 쓸 수 있어요.

누적 테스트

* 꼭 암기해야 하는 중요도 최상의 단어들을 확인하세요.

A 영어를 우리말로 쓰시오.

01	twice	11	different
02	bright	12	final
03	large	13	each
04	weekend	14	clean
05	circle	15	tonight
06	million	16	flat
07	future	17	a few
08	add	18	next
09	ready	19	high
10	shape	20	when

B 우리말을 영어로 쓰시오.

01	다시, 한 번 더	11	아침, 오전
02	줄, 선	12	간단한, 단순한
03	시간, 시각	13	~ 후[뒤]에
04	때때로, 가끔	14	반, 절반
05	어제	15	달력
06	좁은	16	두꺼운, 두툼한
07	새로운	17	두 번째의
08	수, 숫자, 번호	18	충분한; 충분히
09	신선한, 상쾌한	19	양, 액수
10	항상, 언제나	20	느린

정답 p.309

C 다음 표현을 우리말로 쓰시오.

01 in the past ______________

02 a lot of cars ______________

03 the front side ______________

04 a very heavy animal ______________

05 at the end of the road ______________

06 keep your back straight ______________

D 암기한 단어를 이용하여 다음 문장을 완성하시오.

01 너는 오늘 바쁘니?

→ Are you __________ today?

02 삼각형은 세 개의 변이 있다.

→ A __________ has three sides.

03 우리는 하루에 6시간 공부한다.

→ We study 6 __________ per day.

'6시간'이므로 명사의 복수형으로 써야 해요.

04 그릇을 물로 채워라.

→ __________ the bowl with water.

문장 맨 앞 글자는 대문자로 써요.

05 얼마나 자주 운동을 하세요?

→ How __________ do you exercise?

06 나의 가족은 작년에 거기 갔었다.

→ My family went there last __________.

월
일

DAY 26

Direction & Position

☑ 오늘은 방향과 위치 관련 단어를 집중해서 암기할 거예요.

PREVIEW 아는 단어에 체크해 보세요. 아는 단어 ___ / 25개

0626 □ from
0627 □ on
0628 □ in
0629 □ under
0630 □ over
0631 □ behind
0632 □ next to
0633 □ between
0634 □ below
0635 □ above
0636 □ around
0637 □ top
0638 □ right
0639 □ left
0640 □ near
0641 □ far
0642 □ front
0643 □ back
0644 □ inside
0645 □ outside
0646 □ up and down
0647 □ east
0648 □ west
0649 □ south
0650 □ north

Basic

Voca Coach

0626 **from**

[frəm]

f ____

전 ~에서, ~부터

The man is **from** Italy.

그 남자는 이탈리아에서 왔다[이탈리아 출신이다].

be from ~ 출신이다

0627 **on**

[ən]

전 ~ 위에

There is a bird **on** the box.

상자 위에 새가 있다.

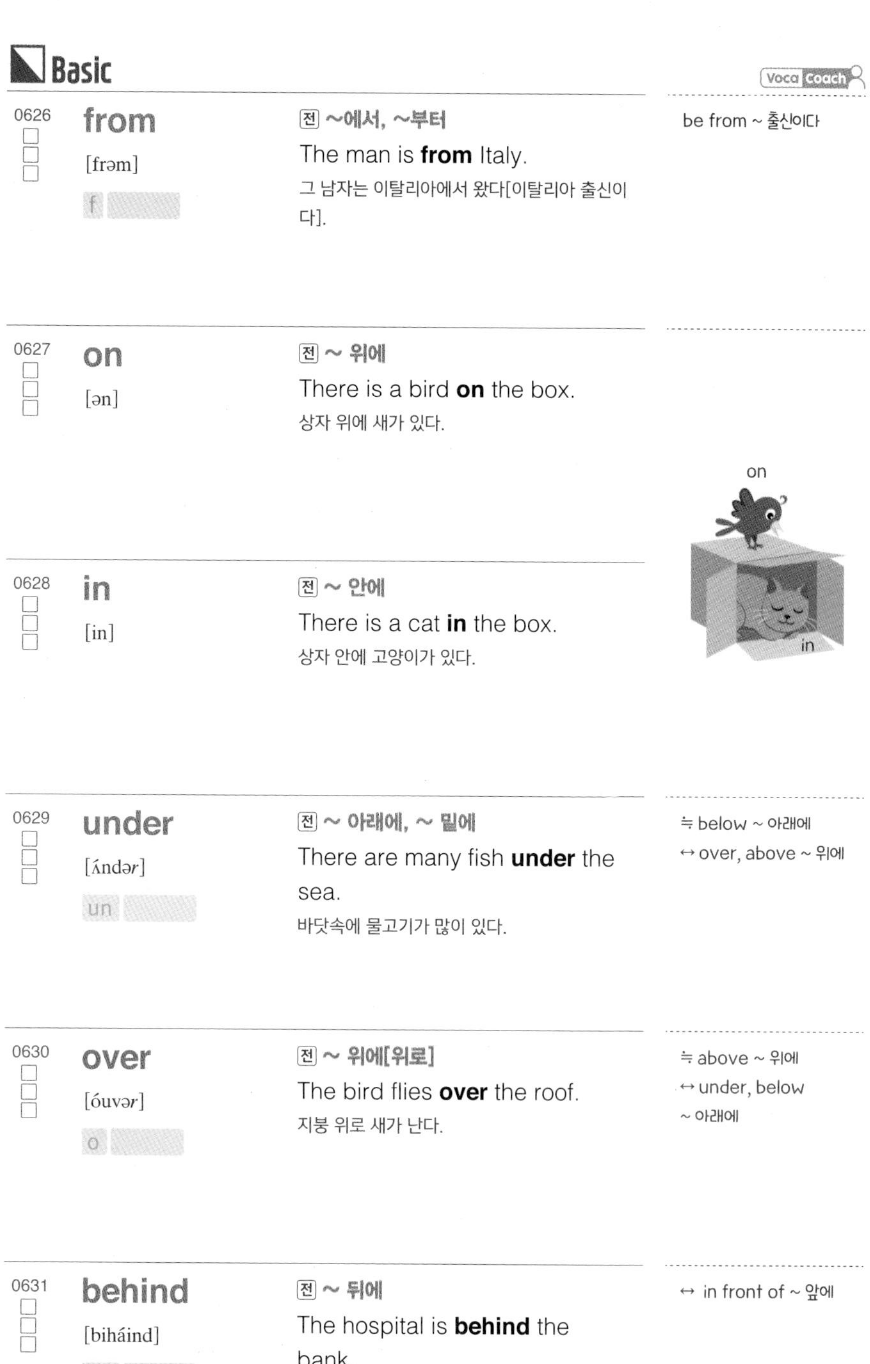

0628 **in**

[in]

전 ~ 안에

There is a cat **in** the box.

상자 안에 고양이가 있다.

0629 **under**

[ʌ́ndər]

un ____

전 ~ 아래에, ~ 밑에

There are many fish **under** the sea.

바닷속에 물고기가 많이 있다.

≒ below ~ 아래에

↔ over, above ~ 위에

0630 **over**

[óuvər]

o ____

전 ~ 위에[위로]

The bird flies **over** the roof.

지붕 위로 새가 난다.

≒ above ~ 위에

↔ under, below ~ 아래에

0631 **behind**

[biháind]

be ____

전 ~ 뒤에

The hospital is **behind** the bank.

병원은 은행 뒤에 있다.

↔ in front of ~ 앞에

DAY 26

0632 □□□ **next to**

전 ~ 옆에; ~ 다음의

The rabbit was **next to** the tree.

토끼는 그 나무 옆에 있었다.

≒ by ~ 옆에

Intermediate

0633 □□□ **between** [bitwíːn]

bet ______

전 ~ 사이에

I slept **between** my mom and dad.

나는 엄마와 아빠 사이에서 잤다.

0634 □□□ **below** [bilóu]

be ______

전 (~보다) 아래에 부 아래로

Draw a circle **below** this line.

이 선 아래에 원을 그리세요.

↔ over, above ~ 위에

0635 □□□ **above** [əbʌ́v]

______ ve

전 (~보다) 위에[위로] 부 위에[위로]

The plane is flying **above** the clouds.

비행기가 구름 위로 날고 있다.

≒ over ~ 위에

↔ under, below ~ 아래에

0636 □□□ **around** [əráund]

a ______

전 ~ 주위[둘레]에

We gathered **around** the tree.

우리는 나무 주위에 모였다.

around가 숫자 앞에 쓰이면 '약, ~쯤'이라는 뜻이에요. around 5 p.m. 오후 5시쯤

0637 □□□ **top** [tɑp]

______ p

명 맨 위, 정상 형 맨 위의, 정상의

He climbed to the **top**.

그는 꼭대기까지 올라갔다.

↔ bottom 바닥

Voca Coach

0638 **right** [rait]
ri

형 오른쪽의 부 오른쪽으로 명 오른쪽
Press the **right** button.
오른쪽 버튼을 누르세요.

right는 '옳은, 정확한'이라는 뜻도 있어요.
You are right.
네 말이 맞다.
↔ left

0639 **left** [left]
l t

형 왼쪽의 부 왼쪽으로 명 왼쪽
It is on the **left** side of the window.
그것은 창문 왼쪽에 있다.

↔ right

0640 **near** [niər]
n r

형 가까운 부 가까이
My aunt's house is very **near**.
나의 이모의 집은 매우 가깝다.

↔ far

0641 **far** [fɑːr]
f

형 (거리 · 시간이) 먼 부 멀리
They didn't go **far**.
그들은 멀리 가지 않았다.

↔ near

0642 **front** [frʌnt]
f t

명 앞부분, 앞면 형 앞쪽의, 앞의
They are in the **front** row.
그들은 앞줄에 있다.

↔ back
in front of ~ 앞에

0643 **back** [bæk]
ba

명 뒷부분, 뒷면 형 뒤쪽의, 뒤의
We are standing at the **back**.
우리는 뒤쪽에 서 있다.

↔ front
back은 '등(몸의 뒷부분)'이라는 뜻도 있어요.

0644 **inside** [insáid]
side

전 ~ 안(으로) 부 안에, 안으로
There's nothing **inside** the room.
그 방 안에 아무것도 없다.

↔ outside

0645 **outside** [àutsáid]

명 바깥 부 밖에, 밖으로

Go **outside** this area.

이 구역 밖으로 가세요.

↔ inside

≒ out of ~ 밖으로

0646 **up and down**

위아래로

The children jumped **up and down**.

그 아이들은 위아래로 (깡총깡총) 뛰었다.

up (방향이) 위로

down (방향이) 아래로

Advanced

0647 **east** [iːst]

명 동쪽 형 동쪽의

The sun rises in the **east**.

해는 동쪽에서 뜬다.

0648 **west** [west]

명 서쪽 형 서쪽의

The sun sets in the **west**.

해는 서쪽으로 진다.

north

west east

south

0649 **south** [sauθ]

명 남쪽 형 남쪽의

Which way is **south**?

어느 쪽이 남쪽인가요?

0650 **north** [nɔːrθ]

명 북쪽 형 북쪽의

I walked from south to **north**.

나는 남쪽에서 북쪽으로 걸었다.

정답 p.309

A 영어는 우리말로, 우리말은 영어로 쓰시오.

01 between

02 on

03 outside

04 under

05 over

06 inside

07 next to

08 east

09 below

10 above

11 in

12 top

13 right

14 왼쪽(의); 왼쪽으로

15 가까운; 가까이

16 먼; 멀리

17 남쪽; 남쪽의

18 뒷부분; 뒤쪽의

19 앞부분; 앞의

20 ~에서, ~부터

21 위아래로

22 ~ 주위[둘레]에

23 서쪽; 서쪽의

24 ~ 뒤에

25 북쪽; 북쪽의

B 다음 표현을 우리말로 쓰시오.

01 go far

02 on the box

03 next to the tree

04 in the front row

05 behind the bank

C 빈칸에 알맞은 단어를 쓰시오.

01 right ↔ ____________ = 오른쪽의 ↔ 왼쪽의

02 front ↔ ____________ = 앞부분 ↔ 뒷부분

03 ____________ ↔ far = 가까운 ↔ 먼

04 ____________ ↔ bottom = 맨 위 ↔ 바닥

05 east ↔ ____________ = 동쪽 ↔ 서쪽

06 ____________ ↔ above = (~보다) 아래에 ↔ (~보다) 위에

D 암기한 단어를 이용하여 다음 문장을 완성하시오.

01 이 구역 밖으로 가세요.

→ Go ____________ this area.

02 오른쪽 버튼을 누르세요.

→ Press the ____________ button.

03 나는 남쪽에서 북쪽으로 걸었다.

→ I walked from south to ____________.

04 우리는 나무 주위에 모였다.

→ We gathered ____________ the tree.

05 나는 엄마와 아빠 사이에서 잤다.

→ I slept ____________ my mom and dad.

06 그 아이들은 위아래로 (깡총깡총) 뛰었다.

→ The children jumped ____________ and ____________.

각각 '위로', '아래로'에 해당하는 말을 쓰면 돼요.

월
일

DAY 27

Travel

☑ 오늘은 여행 관련 단어를 집중해서 암기할 거예요.

PREVIEW 아는 단어에 체크해 보세요. 아는 단어 / 25개

0651 □ map
0652 □ train
0653 □ ship
0654 □ visit
0655 □ ticket
0656 □ plane
0657 □ trip
0658 □ tour
0659 □ travel
0660 □ guide
0661 □ leave
0662 □ arrive
0663 □ return
0664 □ view
0665 □ memory
0666 □ away
0667 □ enter
0668 □ backpack
0669 □ dangerous
0670 □ be famous for
0671 □ climbing
0672 □ vacation
0673 □ scenery
0674 □ come across
0675 □ take off

Basic

Voca Coach

0651 **map** [mæp]

명 지도
Let's look at the **map**.
지도를 봅시다.

world map 세계 지도

0652 **train** [trein]

명 기차, 열차
When does the **train** leave?
기차는 언제 떠나요?

0653 **ship** [ʃip]

명 (큰) 배, 선박
This **ship** is huge.
이 배는 엄청나게 크다.

≒ boat (작은) 배

0654 **visit** [vízit]

동 방문하다
I will **visit** Monica's house today.
나는 오늘 Monica의 집을 방문할 것이다.

명 visitor 방문객

0655 **ticket** [tíkit]

명 표, 입장권
Sam bought a train **ticket** at the station.
Sam은 역에서 기차표를 샀다.

0656 **plane** [plein]

명 비행기
She will leave by **plane** next week.
그녀는 다음 주에 비행기로 떠난다.

〈by + 교통수단〉은 '~으로'라는 뜻으로, 어떤 교통수단을 이용하는지 나타내요.
by plane 비행기로
by ship 배로

Intermediate

Voca Coach

0657 **trip**
[trip]
tr

명 여행
Our school **trip** was so fun.
우리 수학여행은 정말 재미있었다.

trip은 짧은 여행, 명확한 목적을 가지고 떠났다가 돌아오는 여행을 의미해요.

0658 **tour**
[tuər]
t

명 여행, 관광
Here is a **tour** bus.
여기 관광버스가 있어.

tour는 여러 곳을 방문하는 여행을 의미해요.

0659 **travel**
[trǽvəl]
vel

동 여행하다 명 여행
I want to **travel** around the world.
나는 세계를 여행하고 싶다.

travel은 일반적인 여행을 의미하며, 기간상으로 긴 여행을 말할 때 써요.

0660 **guide**
[gaid]
de

명 안내, 안내인, 가이드 동 안내하다
He is our tour **guide**.
그는 우리 여행 가이드야.

0661 **leave**
[liːv]
ve

동 떠나다, 출발하다
It is time to **leave**.
떠날 시간이야.

↔ arrive
(과거형) left-left

0662 **arrive**
[əráiv]
ve

동 도착하다
We must **arrive** before dark.
우리는 어두워지기 전에 도착해야 한다.

↔ leave
명 arrival 도착

0663 **return** [ritə́ːrn] re

㊍ 돌아오다; 돌려주다

They **returned** from the U.S. last month.
그들은 지난달에 미국에서 돌아왔다.

0664 **view** [vjuː] v

㊔ 경관, 전망; 견해, 의견

All rooms in our hotel have an ocean **view**.
우리 호텔의 모든 객실은 바다 전망입니다.

Each has different views.
각자 다른 견해를 가지고 있다.

0665 **memory** [méməri] me

㊔ 기억, 추억

It is a good **memory**, isn't it?
좋은 추억이야, 그렇지 않니?

㊍ memorize 기억하다

0666 **away** [əwéi] a

㊕ 떨어져; 다른 곳으로

The beach is too far **away**.
해변은 너무 멀리 떨어져 있다.

0667 **enter** [éntər] en

㊍ 들어가다

Knock before you **enter**.
들어가기 전에 노크하세요.

㊔ entrance 입구

0668 **backpack** [bǽkpæ̀k] back

㊔ 배낭

I need a light **backpack**.
나는 가벼운 배낭이 필요하다.

㊔ backpacking 배낭 여행

0669 **dangerous** [déindʒərəs] ous

㊖ 위험한

It is **dangerous** to travel at night.
밤에 여행하는 것은 위험하다.

↔ safe 안전한
㊔ danger 위험

Voca Coach

0670 be famous for

~으로 유명하다

Korea **is famous for** Kimchi.

한국은 김치로 유명하다.

Advanced

0671 **climbing** [kláimiŋ]

명 등반, 등산

I don't like **climbing** that much.

나는 등산을 그다지 좋아하지 않는다.

동 climb 등산하다, 오르다
b는 묵음(발음하지 않는 소리)이라는 것 잊지 마세요.

0672 **vacation** [veikéiʃən]

tion

명 방학, 휴가

What do you do on summer **vacation**?

너는 여름방학에 뭐 하니?

≒ holiday 휴일, 휴가

0673 **scenery** [síːnəri]

ry

명 경치, 풍경

Look at the beautiful **scenery**!

아름다운 풍경 좀 봐!

≒ view 경관, 전망

0674 **come across**

우연히 마주치다[발견하다]

I **came across** the letter in a box.

나는 상자 안에서 그 편지를 우연히 발견했다.

0675 **take off**

(비행기가) 이륙하다; (옷 등을) 벗다

Our plane will **take off** soon.

우리 비행기는 곧 이륙합니다.

Daily Check

정답 p.309

A 영어는 우리말로, 우리말은 영어로 쓰시오.

01 travel

02 train

03 climbing

04 backpack

05 ticket

06 return

07 trip

08 scenery

09 away

10 guide

11 leave

12 take off

13 tour

14 경관, 전망; 견해

15 기억, 추억

16 지도

17 들어가다

18 (큰) 배, 선박

19 위험한

20 ~으로 유명하다

21 방문하다

22 방학, 휴가

23 도착하다

24 비행기

25 우연히 마주치다

B 다음 표현을 우리말로 쓰시오.

01 too far away

02 a good memory

03 a light backpack

04 the beautiful scenery

05 on summer vacation

C 빈칸에 알맞은 단어를 쓰시오.

01	______ : visitor	=	방문하다 : 방문객
02	______ : climb	=	등반, 등산 : 등산하다
03	s______ ≒ boat	=	(큰) 배 ≒ (작은) 배
04	arrive ↔ ______	=	도착하다 ↔ 떠나다
05	______ : entrance	=	들어가다 : 입구
06	safe ↔ ______	=	안전한 ↔ 위험한

D 암기한 단어를 이용하여 다음 문장을 완성하시오.

01 지도를 봅시다.

→ Let's look at the ______.

02 기차는 언제 떠나요?

→ When does the ______ go?

03 나는 세계를 여행하고 싶다.

→ I want to ______ around the world

04 그녀는 다음 주에 비행기로 떠난다.

→ She will leave by ______ next week.

〈by+교통수단〉은 '~으로'를 의미해요.

05 Sam은 역에서 기차표를 샀다.

→ Sam bought a train ______ at the station.

06 우리 호텔의 모든 객실은 바다 전망입니다.

→ All rooms in our hotel have an ocean ______.

유의어로 scenery가 있어요.

DAY 27

Hobbies

☑ 오늘은 취미 관련 단어를 집중해서 암기할 거예요.

PREVIEW 아는 단어에 체크해 보세요. 아는 단어 ____ / 25개

0676 ☐ fun
0677 ☐ hobby
0678 ☐ start
0679 ☐ game
0680 ☐ read
0681 ☐ sing
0682 ☐ dance
0683 ☐ swim
0684 ☐ climb
0685 ☐ draw
0686 ☐ dive
0687 ☐ paint
0688 ☐ skate
0689 ☐ ride
0690 ☐ enjoy
0691 ☐ nap
0692 ☐ camping
0693 ☐ hiking
0694 ☐ fishing
0695 ☐ outdoor
0696 ☐ favorite
0697 ☐ activity
0698 ☐ collect
0699 ☐ animation
0700 ☐ be interested in

Basic

Voca Coach

0676 **fun** [fʌn] f

형 재미있는, 즐거운 명 재미, 즐거움
The party was so **fun**.
파티는 정말 재미있었다.

형 funny 웃기는

0677 **hobby** [hábi] ho

명 취미
My **hobby** is climbing.
내 취미는 등산이다.

0678 **start** [stɑːrt] st

동 시작하다
I can't wait to **start** learning fencing.
나는 빨리 펜싱 배우는 것을 시작하고 싶어요.

≒ begin 시작하다
↔ end 끝내다

0679 **game** [geim] ga

명 게임, 경기
I play **games** on the weekend.
나는 주말에 게임을 한다.

0680 **read** [riːd] r d

동 읽다
Anna **reads** a book in the evening.
Anna는 저녁에 책을 읽는다.

(과거형) read-read
철자는 모두 같지만 과거, 과거분사는 [red]로 발음해요.

0681 **sing** [siŋ] s

동 노래하다
I like to **sing**.
나는 노래하는 것을 좋아한다.

명 singer 가수

0682 dance
[dæns]
___ce

동 춤추다 명 춤
Kai **dances** very well.
Kai는 춤을 정말 잘 춘다.

명 dancing 춤, 무용
명 dancer 무용수

0683 swim
[swim]
s___

동 수영하다, 헤엄치다
I'm learning to **swim** as a hobby.
나는 취미로 수영을 배우고 있다.

(과거형) swam-swum
명 swimming 수영

Intermediate

0684 climb
[klaim]
cli___

동 오르다, 올라가다
I want to **climb** Mt. Halla soon.
나는 빨리 한라산을 오르고 싶다.

명 climbing 등산

0685 draw
[drɔː]
d___

동 그리다
Draw a circle, a square, and a triangle.
원, 사각형, 삼각형을 그리세요.

(과거형) drew-drawn
명 drawing 드로잉 (주로 색 없는 연필 그림을 말해요.)

0686 dive
[daiv]
___ve

동 뛰어들다, 다이빙하다
I always **dive** into the water at the swimming pool.
나는 항상 수영장에서 물속으로 뛰어든다.

명 diving 다이빙

0687 paint
[peint]
___nt

동 그리다, 칠하다 명 페인트
I **paint** my friends in my free time.
나는 여가 시간에 친구들을 그린다.

명 painting 그림

Voca Coach

0688 skate

[skeit]

te

동 스케이트를 타다 명 스케이트화

My brother can **skate**, but I can't.

나의 형은 스케이트를 탈 수 있지만, 나는 못 탄다.

명 skating 스케이트

0689 ride

[raid]

de

동 타다, 몰다

I want to **ride** a bike.

나는 자전거를 타고 싶다.

(과거형) rode-ridden

0690 enjoy

[indʒɔ́i]

en

동 즐기다

We **enjoyed** our summer vacation.

우리는 여름휴가를 즐겼다.

0691 nap

[næp]

n

명 낮잠, 잠깐 잠

She sometimes takes a **nap** after lunch.

그녀는 때때로 점심 식사 후에 낮잠을 잔다.

take a nap 낮잠을 자다

0692 camping

[kǽmpiŋ]

ing

명 캠핑, 야영

It is our first **camping**.

우리의 첫 번째 캠핑이다.

동 camp 캠핑하다, 야영하다

0693 hiking

[háikiŋ]

hi

명 하이킹, 도보 여행

Will you go **hiking** with me?

나랑 하이킹 갈래?

동 hike 하이킹하다, 도보 여행하다

0694 fishing

[fíʃiŋ]

ing

명 낚시

My dad goes **fishing** on the weekend.

나의 아빠는 주말에 낚시를 가신다.

fish 동 낚시하다 명 물고기, 어류

0695 outdoor
[áutdɔ̀ːr]
door

형 야외의
I'm not interested in **outdoor** sports.
나는 야외 스포츠에 관심이 없다.

↔ indoor 실내의

Advanced

0696 favorite
[féivərit]
ite

형 마음에 드는, 가장 좋아하는
What is your **favorite** game?
네가 가장 좋아하는 게임이 뭐니?

0697 activity
[æktívəti]
vity

명 활동, 활기
Camping is an outdoor **activity**.
캠핑은 야외 활동이다.

형 active 활발한

0698 collect
[kəlékt]
co

동 모으다, 수집하다
My sister **collects** photo cards.
내 여동생은 사진 카드를 모은다.

명 collection 수집
≒ gather 모으다

0699 animation
[æ̀nəméiʃən]
tion

명 애니메이션, 만화 영화
"Ladybug" is my favorite **animation**.
'레이디버그'는 내가 가장 좋아하는 만화 영화이다.

0700 be interested in

~에 관심이 있다, ~에 흥미가 있다
I'**m interested in** British dramas.
나는 영국 드라마에 관심이 있다.

Daily Check

정답 p.309

A 영어는 우리말로, 우리말은 영어로 쓰시오.

01 fun
02 animation
03 start
04 game
05 read
06 activity
07 fishing
08 hiking
09 enjoy
10 camping
11 dive
12 paint
13 skate
14 타다, 몰다
15 춤추다; 춤
16 낮잠, 잠깐 잠
17 취미
18 노래하다
19 오르다, 올라가다
20 야외의
21 가장 좋아하는
22 수영하다, 헤엄치다
23 모으다, 수집하다
24 그리다
25 ~에 관심이 있다

DAY 28

B 다음 표현을 우리말로 쓰시오.

01 go hiking
02 ride a bike
03 read a book
04 draw a circle
05 your favorite game

C 빈칸에 알맞은 단어를 쓰시오.

01 camp : ______________ = 캠핑하다 : 캠핑

02 ______________ ↔ indoor = 야외의 ↔ 실내의

03 fish : ______________ = 낚시하다 : 낚시

04 active : ______________ = 활발한 : 활동, 활기

05 c______________ ≒ gather = 모으다

06 ______________ : singer = 노래하다 : 가수

D 암기한 단어를 이용하여 다음 문장을 완성하시오.

01 내 취미는 등산이다.

→ My hobby is ___________.

02 나는 주말에 게임을 한다.

→ I play ___________s on the weekend.

03 우리는 여름휴가를 즐겼다.

→ We ___________ our summer vacation.

'즐겼다'이므로 -ed를 붙여 과거형으로 써요.

04 나는 빨리 펜싱 배우는 것을 시작하고 싶어요.

→ I can't wait to ___________ learning fencing.

05 나는 영국 드라마에 관심이 있다.

→ I'm ___________ ___________ British dramas.

06 나는 항상 수영장에서 물속으로 뛰어든다.

→ I always ___________ into the water at the swimming pool.

월
일
DAY 29

Sports

☑ 오늘은 운동 관련 단어를 집중해서 암기할 거예요.

PREVIEW 아는 단어에 체크해 보세요. 아는 단어 / 25개

0701 □ team
0702 □ sport
0703 □ walk
0704 □ run
0705 □ jump
0706 □ pass
0707 □ win
0708 □ lose
0709 □ race
0710 □ exercise
0711 □ kick
0712 □ court
0713 □ throw
0714 □ catch
0715 □ player
0716 □ match
0717 □ hold
0718 □ score
0719 □ champion
0720 □ work out
0721 □ captain
0722 □ stadium
0723 □ leap
0724 □ defend
0725 □ referee

Basic

Voca Coach

0701 **team**
[tiːm]
t ___ m

명 **단체, 팀**
My favorite **team** is BLUE.
내가 가장 좋아하는 팀은 BLUE이다.

0702 **sport**
[spɔːrt]
sp ___

명 **스포츠, 운동**
Swimming is a good **sport**.
수영은 좋은 운동이다.

0703 **walk**
[wɔːk]
___ k

동 **걷다; 산책하다** 명 **산책**
The baby will start to **walk** soon.
아기는 곧 걷기 시작할 것이다.

take a walk 산책하다
go for a walk 산책하러 가다

0704 **run**
[rʌn]
r ___

동 **달리다, 뛰다**
I **run** every morning.
나는 매일 아침 달린다.

(과거형) ran-run
run은 '경영하다'라는 뜻도 있어요.
run a company 회사를 운영하다

0705 **jump**
[dʒʌmp]
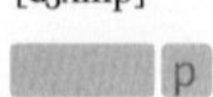
___ p

동 **뛰다, 도약하다** 명 **뜀, 점프**
He is ready to **jump**.
그는 뛸 준비가 되었다.

0706 **pass**
[pæs]
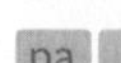
pa ___

동 **건네주다, 패스하다** 명 **패스; 통과**
Can you **pass** me the ball?
공을 나에게 패스해 줄래?

Voca Coach

0707 **win**
[win]
w

동 이기다
Our team will **win** the soccer match.
우리 팀이 그 축구 시합에서 이길 것이다.

(과거형) won-won

0708 **lose**
[lu:z]
se

동 지다; 잃다
I don't want to **lose** the game.
나는 그 경기에서 지고 싶지 않아요.

(과거형) lost-lost

Intermediate

0709 **race**
[reis]
ra

명 경주, 경기, 달리기 (시합)
Jenny came in first in the **race**.
Jenny는 그 경주에서 첫 번째로 들어왔다.

0710 **exercise**
[éksərsàiz]
cise

동 운동[연습]하다 명 운동, 연습
My family **exercises** every day.
나의 가족은 매일 운동한다.

≒ work out 운동하다
≒ practice 연습하다

0711 **kick**
[kik]
ki

동 (발로) 차다
Kick the ball away!
멀리 공을 차세요!

0712 **court**
[kɔ:rt]
rt

명 (테니스 · 배구 등의) 코트
We went to a tennis **court** to play tennis.
우리는 테니스를 치러 테니스 코트에 갔다.

court는 '법정, 법원'이라는 뜻도 있어요.

DAY 29

0713 **throw** [θrou]

th

동 던지다

I can **throw** a ball far away.

나는 공을 멀리 던질 수 있다.

(과거형) threw-thrown

0714 **catch** [kætʃ]

ch

동 잡다, 받다

Try to **catch** a fast ball.

빠른 공을 잡으려고 노력하라.

(과거형) caught-caught

0715 **player** [pléiər]

er

명 선수

She is a wonderful **player**.

그녀는 훌륭한 선수이다.

동 play 놀다, 경기하다

0716 **match** [mætʃ]

ch

명 경기, 시합; 성냥

This is the first **match**.

이것이 첫 번째 경기이다.

0717 **hold** [hould]

d

동 개최하다; 잡다

Seoul **held** the Olympic Games in 1988.

서울은 1988년에 올림픽 경기를 개최했다.

(과거형) held-held

0718 **score** [skɔːr]

re

명 득점, 점수

The final **score** is 2 to 1.

최종 점수는 2 대 1이다.

score는 '득점을 올리다'라는 뜻으로도 쓰여요.

0719 **champion** [tʃǽmpiən]

pion

명 챔피언, 우승자

The player became the **champion** again.

그 선수는 다시 챔피언이 되었다.

Voca Coach

0720 work out

운동하다; 해결하다

We **work out** after breakfast.

우리는 아침 식사 후에 운동한다.

≒ exercise 운동하다

Advanced

0721 **captain** [kǽptən]

cap

명 주장; 선장

She's the **captain** of our volleyball team.

그녀는 우리 배구팀의 주장이다.

0722 **stadium** [stéidiəm]

sta

명 경기장

Here is the new sports **stadium**.

여기가 새로운 스포츠 경기장이다.

stadium은 보통 관람석으로 둘러싸인 경기장을 말해요.

0723 **leap** [li:p]

l p

동 뛰어오르다, 뛰다 명 도약

Look before you **leap**.

뛰기 전에 (둘러)봐.

예문은 영어 속담으로, '돌다리도 두들겨 보고 건너라.'라는 우리 속담과 같은 뜻이에요.

0724 **defend** [difénd]

de

동 방어하다, 막다

I will **defend**.

내가 방어할게.

↔ attack 공격하다

0725 **referee** [rèfərí:]

ree

명 심판

My uncle is a basketball **referee**.

나의 삼촌은 농구 심판이다.

Daily Check

정답 p.310

A 영어는 우리말로, 우리말은 영어로 쓰시오.

01 leap
02 sport
03 court
04 run
05 jump
06 hold
07 player
08 match
09 race
10 exercise
11 kick
12 work out
13 referee
14 잡다, 받다
15 걷다; 산책하다; 산책
16 단체, 팀
17 이기다
18 득점, 점수
19 챔피언, 우승자
20 지다; 잃다
21 주장; 선장
22 경기장
23 건네주다; 패스, 통과
24 방어하다, 막다
25 던지다

B 다음 표현을 우리말로 쓰시오.

01 kick the ball
02 lose the game
03 the first match
04 the final score
05 a basketball referee

C 빈칸에 알맞은 단어를 쓰시오.

01 ______________ : run = 걷다 : 뛰다

02 lose ↔ ______________ = 지다 ↔ 이기다

03 ______________ : held = 개최하다 : 개최했다

04 ______________ : play = 선수 : 놀다, 경기하다

05 attack ↔ ______________ = 공격하다 ↔ 방어하다

06 ______________ : jumping = 뛰다, 도약하다 : 도약

D 암기한 단어를 이용하여 다음 문장을 완성하시오.

01 나는 공을 멀리 던질 수 있다.

→ I can ___________ a ball far away.

02 공을 나에게 패스해 줄래?

→ Can you ___________ me the ball?

03 뛰기 전에 (둘러)봐. (돌다리도 두들겨 보고 건너라.)

→ Look before you ___________.

04 여기가 새로운 스포츠 경기장이다.

→ Here is the new sports ___________.

05 Jenny는 그 경주에서 첫 번째로 들어왔다.

→ Jenny came in first in the ___________.

06 우리는 아침 식사 후에 운동한다.

→ We ___________ ___________ after breakfast.

exercise와 같은 뜻의 두 단어로 된 숙어예요.

DAY 29

월
일
DAY 30

Special Days

☑ 오늘은 특별한 날 관련 단어를 집중해서 암기할 거예요.

birthday

festival

PREVIEW 아는 단어에 체크해 보세요. 아는 단어 ____ / 25개

0726 □ cake
0727 □ birthday
0728 □ picnic
0729 □ party
0730 □ event
0731 □ gift
0732 □ band
0733 □ invite
0734 □ holiday
0735 □ candle
0736 □ balloon
0737 □ contest
0738 □ fair
0739 □ present
0740 □ wedding
0741 □ eve
0742 □ exciting
0743 □ record
0744 □ crowd
0745 □ festival
0746 □ congratulate
0747 □ firework
0748 □ celebrate
0749 □ show up
0750 □ take place

Basic

Voca Coach

0726 cake

[keik]

ke

명 케이크

I made a **cake** for my mom.

나는 엄마를 위해 케이크를 만들었다.

a piece of cake
케이크 한 조각

0727 birthday

[bə́:rθdèi]

day

명 생일

Happy **birthday** to you!

생일 축하해!

birth(탄생)+day(날)

0728 picnic

[píknik]

nic

명 소풍, 피크닉

Tomorrow is a **picnic** day!

내일은 소풍 날이야!

go on a picnic
소풍 가다

0729 party

[pá:rti]

ty

명 파티, 모임

We have a birthday **party** tonight.

우리는 오늘 밤 생일 파티가 있다.

0730 event

[ivént]

e t

명 행사, 이벤트, 사건

This match is a big **event**.

이번 경기는 큰 이벤트이다.

0731 gift

[gift]

g

명 선물; 재능, 재주

This is a **gift** for you.

이것은 너를 위한 선물이야.

≒ present 선물
talent 재능

DAY 30

0732 **band** [bænd]
b

명 **악단, 밴드**
They are a popular **band**.
그들은 인기 있는 밴드이다.

Intermediate

0733 **invite** [inváit]
in

동 **초대하다**
Who did you **invite** to the party?
너는 누구를 파티에 초대했니?

명 invitation 초대(장)

0734 **holiday** [hálidèi]
day

명 **휴가, 휴일**
Christmas is my favorite **holiday**.
크리스마스는 내가 가장 좋아하는 휴일이다.

0735 **candle** [kǽndl]
can

명 **양초, 초**
I need **candles** for Lisa's birthday cake.
나는 Lisa의 생일 케이크에 쓸 초가 필요하다.

0736 **balloon** [bəlúːn]
ba

명 **풍선**
There are a lot of **balloons** in the sky.
하늘에 많은 풍선이 있다.

'열기구'도 balloon이라고 해요.

0737 **contest** [kántest]
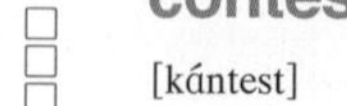
con

명 **대회, 시합**
He won the dancing **contest**.
그는 그 댄스 대회에서 우승했다.

≒ match 경기, 시합

Voca Coach

0738 **fair** [fɛər]
f ___ r

명 박람회 형 공평한, 공정한

France will hold a world **fair**.

프랑스는 세계 박람회를 개최할 것이다.

fair game 공정한 게임
↔ unfair 불공정한

0739 **present** [prézənt]
pre ___

명 선물

I bought a **present** for my parents.

나는 부모님을 위한 선물을 샀다.

present는 '현재'라는 뜻도 있어요.
past-present-future 과거-현재-미래

0740 **wedding** [wédiŋ]
we ___

명 결혼식, 혼례

The **wedding** was beautiful.

그 결혼식은 아름다웠다.

0741 **eve** [iːv]
e ___

명 이브, (축제의) 전날 밤

Today is Christmas **Eve**.

오늘은 크리스마스이브이다.

0742 **exciting** [iksáitiŋ]
___ ting

형 신나는, 흥미진진한

The graduation party was so **exciting**.

졸업 파티는 정말 신났다.

형 excited (사람이) 신난
I was so excited at her birthday party.
나는 그녀의 생일 파티에서 너무 신났다.

0743 **record** [rikɔ́ːrd]
re ___

동 녹음[녹화]하다; 기록하다 명 기록

I **recorded** the wedding for them.

나는 그들을 위해 결혼식을 녹화했다.

명 [rékərd]
명 recorder 녹음기

0744 **crowd** [kraud]
c ___ d

명 무리, 군중 동 붐비다

She is away from the **crowd**.

그녀는 무리들로부터 떨어져 있다.

형 crowded 붐비는
crowded street 붐비는 거리

0745 festival [féstəvəl]
val

명 축제
We had a fun time at the **festival**.
우리는 축제에서 즐거운 시간을 보냈다.

festival은 보통 1년에 한 번 주기적으로 열리는 축제를 뜻해요.

Advanced

0746 congratulate [kəngrǽtʃəlèit]
con late

동 축하하다
Let's **congratulate** him.
그를 축하해 주자.

명 congratulation 축하
축하 인사할 때 -s를 붙여 Congratulations!(축하해!)로 표현해요.

0747 firework [fáiərwə̀ːrk]
work

명 폭죽; 불꽃놀이
The **firework** will start soon.
불꽃놀이가 곧 시작된다.

0748 celebrate [séləbrèit]
brate

동 기념하다, 축하하다
They **celebrated** Sandra's wedding.
그들은 Sandra의 결혼을 축하했다.

명 celebration 기념, 축하

0749 show up

나타나다
He didn't **show up** at the festival.
그는 그 축제에 나타나지 않았다.

0750 take place

(행사가) 열리다, (예정된 일이) 일어나다
The event will **take place** next week.
그 행사는 다음 주에 열릴 것이다.

≒ happen (어떤 일이 우연히) 일어나다

정답 p.310

Ⓐ 영어는 우리말로, 우리말은 영어로 쓰시오.

01 gift
02 birthday
03 eve
04 party
05 event
06 cake
07 congratulate
08 exciting
09 holiday
10 present
11 celebrate
12 show up
13 fair
14 소풍
15 결혼식
16 악단, 밴드
17 초대하다
18 녹음[녹화]하다; 기록
19 무리, 군중; 붐비다
20 축제
21 대회, 시합
22 폭죽; 불꽃놀이
23 양초, 초
24 풍선
25 열리다, 일어나다

Ⓑ 다음 표현을 우리말로 쓰시오.

01 a world fair
02 a big event
03 a popular band
04 a birthday party
05 the dancing contest

C 빈칸에 알맞은 단어를 쓰시오.

01	excited : ______________	=	(사람이) 신난 : 신나는
02	______________ : recorder	=	녹음하다 : 녹음기
03	______________ : crowded	=	무리, 군중 : 붐비는
04	______________ : invitation	=	초대하다 : 초대(장)
05	birth : ______________	=	탄생 : 생일
06	gift ≒ p______________	=	선물

D 암기한 단어를 이용하여 다음 문장을 완성하시오.

01 그 결혼식은 아름다웠다.

→ The ___________ was beautiful.

02 크리스마스는 내가 가장 좋아하는 휴일이다.

→ Christmas is my favorite ___________.

03 우리는 축제에서 즐거운 시간을 보냈다.

→ We had a fun time at the ___________.

04 하늘에 많은 풍선이 있다.

→ There are a lot of ___________ in the sky.

a lot of(많은)가 앞에 있으므로 복수형이 와야 해요.

05 나는 Lisa의 생일 케이크에 쓸 초가 필요하다.

→ I need ___________s for Lisa's birthday cake.

06 그 행사는 다음 주에 열린다.

→ The event will ___________ ___________ next week.

DAY 26~30 누적 테스트

* 꼭 암기해야 하는 중요도 최상의 단어들을 확인하세요.

Ⓐ 영어를 우리말로 쓰시오.

01	leave	11	outside
02	collect	12	enjoy
03	far	13	favorite
04	captain	14	catch
05	lose	15	next to
06	around	16	exciting
07	event	17	enter
08	climb	18	celebrate
09	holiday	19	vacation
10	tour	20	exercise

Ⓑ 우리말을 영어로 쓰시오.

01	취미	11	가까운; 가까이
02	~ 뒤에	12	던지다
03	이기다	13	수영하다, 헤엄치다
04	지도	14	~ 사이에
05	달리다, 뛰다	15	초대하다
06	폭죽; 불꽃놀이	16	방어하다, 막다
07	남쪽; 남쪽의	17	기억, 추억
08	낮잠, 잠깐 잠	18	활동, 활기
09	생일	19	축제
10	기차, 열차	20	표, 입장권

C 다음 표현을 우리말로 쓰시오.

01 in the box ______________

02 kick the ball ______________

03 a light backpack ______________

04 our first camping ______________

05 exercise every day ______________

06 show up at the festival ______________

D 암기한 단어를 이용하여 다음 문장을 완성하시오.

01 공을 나에게 패스해 줄래?

→ Can you __________ me the ball?

02 그는 그 댄스 대회에서 우승했다.

→ He won the dancing __________.

유의어로 match가 있어요.

03 우리는 어두워지기 전에 도착해야 한다.

→ We must __________ before dark.

04 그것은 창문 왼쪽에 있다.

→ It is on the __________ side of the window.

05 나는 상자 안에서 그 편지를 우연히 발견했다.

→ I __________ __________ the letter in a box.

come의 과거형은 came이에요.

06 나는 항상 수영장에서 물속으로 뛰어든다.

→ I always __________ into the water at the swimming pool.

월
일

DAY 31

Art & Culture I

☑ 오늘은 예술과 문화 관련 단어를 집중해서 암기할 거예요.

PREVIEW 아는 단어에 체크해 보세요. 아는 단어 / 25개

0751 □ art
0752 □ photo
0753 □ movie
0754 □ music
0755 □ singer
0756 □ actor
0757 □ actress
0758 □ dancer
0759 □ famous
0760 □ model
0761 □ painting
0762 □ stage
0763 □ artist
0764 □ fashion
0765 □ design
0766 □ talent
0767 □ popular
0768 □ culture
0769 □ film
0770 □ role
0771 □ interesting
0772 □ script
0773 □ scene
0774 □ musician
0775 □ craft

Basic

Voca Coach

0751 **art** [ɑːrt]

명 미술, 예술, 미술품

Art is difficult for me.

나에게 예술은 어렵다.

0752 **photo** [fóutou]

▨ to

명 사진

It is a cute **photo**.

그것은 귀여운 사진이다.

≒ photograph 사진
두 단어는 동일하지만, photo가 더 비격식적이고 구어 영어에서 더 흔히 쓰여요.

0753 **movie** [múːvi]

mo ▨

명 영화

Did you enjoy this **movie**?

너는 이 영화를 즐겼니?

≒ film 영화

0754 **music** [mjúːzik]

mu ▨

명 음악

Let's dance to the **music**.

음악에 맞춰 춤을 추자.

0755 **singer** [síŋə(r)]

▨ er

명 가수

She is my favorite **singer**.

그녀는 내가 제일 좋아하는 가수이다.

동 sing(노래하다) + -er(행위자, 직업을 나타내는 접미사)

0756 **actor** [ǽktər]

▨ or

명 (남자) 배우

The old man is an **actor** and a singer.

그 나이 든 남자는 배우이자 가수이다.

동 act(연기하다) + -or (사람을 나타내는 접미사)

Voca Coach

0757 actress

[ǽktris]

act

명 (여자) 배우

She's a beautiful **actress**.

그녀는 아름다운 배우이다.

명 actor((남자) 배우) + -ess(여성을 나타내는 접미사)

0758 dancer

[dǽnsər]

cer

명 춤추는 사람, 무용수

He wanted to be a **dancer**.

그는 무용수가 되고 싶어 했다.

동 dance(춤추다) + -er(행위자, 직업을 나타내는 접미사)

Intermediate

0759 famous

[féiməs]

fa

형 유명한

K-pop is **famous** around the world.

K-pop은 세계적으로 유명하다.

be famous for ~으로 유명하다

0760 model

[mádəl]

mo

명 모델, 모형, 본보기

Art class students were looking for a **model**.

미술반 학생들은 모델을 찾고 있었다.

0761 painting

[péintiŋ]

ing

명 그림 (그리기), 페인트칠하기

This is a **painting** by Piccaso.

이것은 피카소의 그림이다.

동 paint(그리다) + -ing(명사를 만드는 접미사)

0762 stage

[steidʒ]

ge

명 무대; 단계

The rock band appeared on the **stage**.

그 록 밴드가 무대에 나타났다.

0763 **artist** [á:rtist] ist
명 화가, 예술가
Vincent van Gogh is a great **artist**.
빈센트 반 고흐는 위대한 화가이다.
명 art(미술) + -ist(전문적으로 하는 사람을 나타내는 접미사)

0764 **fashion** [fǽʃən] fa
명 패션, 유행
She is a famous **fashion** model.
그녀는 유명한 패션모델이다.

0765 **design** [dizáin] de
명 디자인, 설계 동 디자인[설계]하다
Both **designs** are the same.
두 디자인이 똑같다.

0766 **talent** [tǽlənt] ta
명 재능, 소질
The child has a **talent** for art.
그 아이는 예술에 재능이 있다.
형 talented 재능이 있는

0767 **popular** [pάpjələr] lar
형 인기 있는, 대중적인
What is a **popular** song now?
지금 인기 있는 노래가 뭐지?
↔ unpopular 인기 없는

0768 **culture** [kʌ́ltʃər] cul
명 문화
We should respect each **culture**.
우리는 각각의 문화를 존중해야 한다.
형 cultural 문화의

0769 **film** [film] m
명 영화 동 촬영하다
The **film** festival takes place in Seoul.
그 영화제는 서울에서 열린다.
≒ movie 영화

0770 **role** [roul] ___le

명 역할, 배역
The actress played her **role** well.
그 (여자) 배우는 배역을 잘 해냈다.

play a role 역할을 하다[맡다]

0771 **interesting** [íntərəstiŋ] ___ting

형 흥미로운, 재미있는
That movie is really **interesting**.
그 영화는 정말 재미있다.

명 interest 흥미
be interested in ~에 흥미가 있다

Advanced

0772 **script** [skript] s___t

명 대본, 원고
Who wrote this **script**?
누가 이 대본을 썼나요?

0773 **scene** [siːn] ___ne

명 장면, 현장, (연극 · 오페라의) 장
The last **scene** of the opera was so sad.
그 오페라의 마지막 장면은 너무 슬펐다.

명 scenery 경치, 풍경

0774 **musician** [mju(:)zíʃən] ___ian

명 (작곡가, 연주가 등) 음악가
Mozart is a genius **musician**.
모차르트는 천재 음악가이다.

명 music(음악)+-ian '~에 대한 전문가'를 나타내는 접미사)

0775 **craft** [kræft] ___ft

명 (수)공예; 기술, 기교
Hanji is a traditional **craft**.
한지 예술은 전통 공예이다.

Daily Check

정답 p.310

A 영어는 우리말로, 우리말은 영어로 쓰시오.

01 art
02 talent
03 movie
04 music
05 craft
06 film
07 actress
08 dancer
09 famous
10 model
11 painting
12 musician
13 interesting
14 패션, 유행
15 디자인; 디자인하다
16 사진
17 인기 있는, 대중적인
18 문화
19 가수
20 역할, 배역
21 화가, 예술가
22 대본, 원고
23 장면, 현장; 장
24 무대; 단계
25 (남자) 배우

B 다음 표현을 우리말로 쓰시오.

01 on the stage
02 a great artist
03 the last scene
04 dance to the music
05 a famous fashion model

C 빈칸에 알맞은 단어를 쓰시오.

01 sing : ______________ = 노래하다 : 가수

02 ______________ ↔ unpopular = 인기 있는 ↔ 인기 없는

03 dance : ______________ = 춤추다 : 무용수

04 ______________ : talented = 재능, 소질 : 재능이 있는

05 paint : ______________ = 그리다 : 그림

06 interest : ______________ = 흥미 : 흥미로운

D 암기한 단어를 이용하여 다음 문장을 완성하시오.

01 누가 이 대본을 썼나요?

→ Who wrote this __________?

02 두 디자인이 똑같다.

→ Both __________ are the same.

both는 '둘 다'라는 뜻이므로, 뒤에 명사의 복수형을 써요.

03 한지 예술은 전통 공예이다.

→ Hanji is a traditional __________.

04 너는 이 영화를 즐겼니?

→ Did you enjoy this __________?

유의어로 film이 있어요.

05 그 여배우는 배역을 잘 해냈다.

→ The actress played her __________ well.

06 그 나이 든 남자는 배우이자 가수이다.

→ The old man is an __________ and a singer.

월
일

DAY 32

Art & Culture Ⅱ

☑ 오늘은 예술과 문화 관련 단어를 집중해서 암기할 거예요.

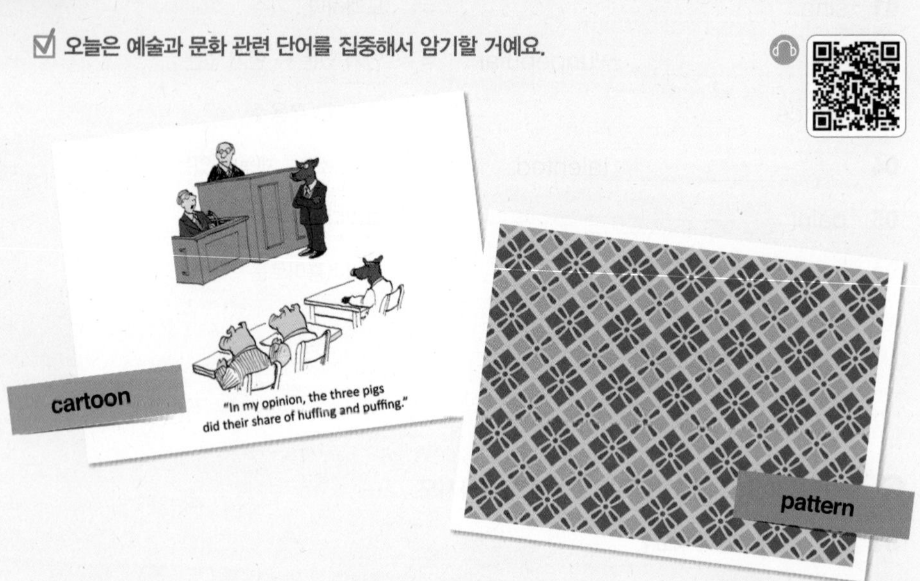
cartoon
"In my opinion, the three pigs did their share of huffing and puffing."
pattern

PREVIEW 아는 단어에 체크해 보세요. 아는 단어 / 25개

0776	☐ picture	0789	☐ pattern
0777	☐ story	0790	☐ sketch
0778	☐ song	0791	☐ tale
0779	☐ piano	0792	☐ novel
0780	☐ guitar	0793	☐ fantasy
0781	☐ magic	0794	☐ comic book
0782	☐ note	0795	☐ fantastic
0783	☐ concert	0796	☐ mystery
0784	☐ musical	0797	☐ background
0785	☐ painter	0798	☐ audition
0786	☐ master	0799	☐ adventure
0787	☐ cartoon	0800	☐ folk
0788	☐ beauty		

Basic

Voca Coach

0776 **picture**
[píktʃər]
pic ____

명 그림; 사진
It is my **picture**!
그것은 내 그림이야!

≒ painting 그림
≒ photo 사진

0777 **story**
[stɔ́:ri]
____ ry

명 이야기
How does the **story** end?
그 이야기는 어떻게 끝나니?

story는 건물의 '층'이라는 뜻도 있어요.
the second story 2층

0778 **song**
[sɔ(:)ŋ]
s ____

명 노래
Will you sing a **song**?
노래 한 곡 불러 주시겠어요?

0779 **piano**
[piǽnou]
____ no

명 피아노
My friend plays the **piano** well.
내 친구는 피아노를 잘 친다.

악기를 '연주하다'라는 표현은 play를 써요.

0780 **guitar**
[gitá:r]
____ tar

명 기타
I play the **guitar** in the band.
나는 밴드에서 기타를 연주한다.

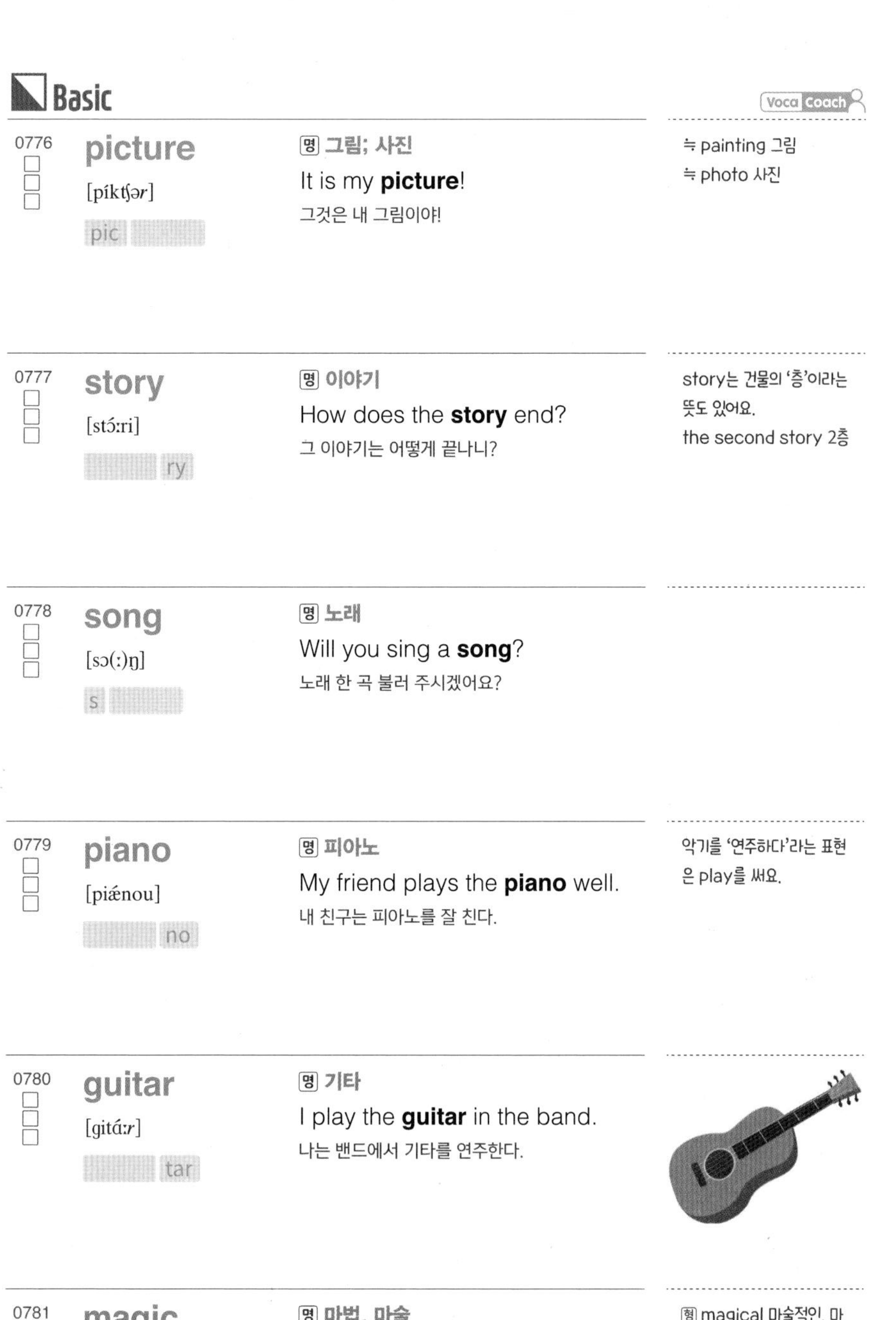

0781 **magic**
[mǽdʒik]
ma ____

명 마법, 마술
Do you believe in **magic**?
너는 마술을 믿니?

형 magical 마술적인, 마법 같은

DAY 32

Intermediate

Voca Coach

0782 note [nout] ▒te

명 음, 어조; 메모, 노트

That **note** sounds high.

저 음은 높게 들린다.

Please make a note.
메모[노트]해 두세요.

0783 concert [kánsə(:)rt] con▒

명 콘서트, 연주회

I got a **concert** ticket.

나는 콘서트 티켓을 구했다.

0784 musical [mjú:zikəl] ▒al

형 음악적인, 음악의 명 뮤지컬

She has **musical** talent.

그녀는 음악적인 재능이 있다.

명 music 음악
명 musician 음악가

0785 painter [péintər] ▒er

명 화가, 페인트칠하는 사람

My mother was a **painter**.

나의 어머니는 화가셨다.

≒ artist 화가, 예술가

0786 master [mǽstər] ▒ter

명 거장, 대가; 주인

He is a **master** of doll making.

그는 인형 만들기의 대가이다.

master는 '숙달하다, 완전히 익히다'라는 뜻도 있어요.

0787 cartoon [ka:rtú:n] car▒

명 만화

I love Walt Disney **cartoons**.

나는 월트 디즈니 만화를 정말 좋아한다.

'만화 영화'는 animation을 주로 사용해요.

Voca Coach

0788 **beauty**
[bjúːti]
ty

명 아름다움, 미(美)
He painted the **beauty** of the sunset.
그는 일몰의 아름다움을 그렸다.

형 beautiful 아름다운

0789 **pattern**
[pǽtərn]
pa

명 무늬, 패턴
Look at this **pattern** of diamonds.
이 다이아몬드 패턴을 좀 봐.

0790 **sketch**
[sketʃ]
ch

명 스케치, 밑그림 동 스케치하다
My teacher showed me a **sketch**.
나의 선생님은 나에게 스케치를 보여 주셨다.

0791 **tale**
[teil]
t

명 이야기, 소설
This is a sad **tale**.
이것은 슬픈 이야기이다.

tale은 상상력, 환상이 담긴 이야기를 주로 말해요.
fairy tale 동화

0792 **novel**
[návəl]
no

명 소설
Did you read that **novel**?
너는 그 소설을 읽었니?

novel은 보통 장편소설을 말하고, 단편소설은 short story라고 해요.

0793 **fantasy**
[fǽntəsi]
sy

명 공상, 상상, 환상
Harry Potter lives in a world of **fantasy**.
해리포터는 환상의 세계에 산다.

형 fantastic 환상적인

0794 **comic book**
[káːmik buk]

명 만화책
May I read a **comic book**?
만화책을 읽어도 돼요?

0795 fantastic
[fæntǽstik]
tic

형 환상적인, 굉장한
Her dance is **fantastic**.
그녀의 춤은 환상적이다.

≒ amazing 굉장한

Advanced

0796 mystery
[místəri]
tery

명 미스터리, 수수께끼, 불가사의
It is still a **mystery**.
그것은 여전히 미스터리다.

형 mysterious 미스터리의, 신비한, 불가사의의

0797 background
[bǽkgràund]
ground

명 배경, 배후 사정
I took a photo with trees in the **background**.
나는 나무를 배경으로 사진을 찍었다.

BGM은 Back Ground Music의 줄임말로 '배경 음악'이라는 뜻이에요.

0798 audition
[ɔːdíʃən]
tion

명 오디션
Good luck with your **audition**!
너의 오디션에 행운을 빌게!

0799 adventure
[ədvéntʃər]
ture

명 모험, 모험심
He enjoyed writing **adventure** stories.
그는 모험 이야기 쓰는 것을 즐겼다.

0800 folk
[fouk]
k

형 민속의, 전통적인
Arirang is a Korean **folk** song.
아리랑은 한국 민속 노래(민요)이다.

folk는 '사람들'이라는 뜻도 있어요.

정답 p.310

A 영어는 우리말로, 우리말은 영어로 쓰시오.

01 picture
02 fantastic
03 song
04 piano
05 background
06 comic book
07 note
08 beauty
09 sketch
10 painter
11 mystery
12 cartoon
13 adventure
14 무늬, 패턴
15 이야기
16 이야기, 소설
17 소설
18 공상, 환상
19 콘서트, 연주회
20 마법, 마술
21 기타
22 음악적인; 뮤지컬
23 오디션
24 거장, 대가
25 민속의, 전통적인

B 다음 표현을 우리말로 쓰시오.

01 a sad tale
02 sing a song
03 play the guitar
04 a concert ticket
05 a world of fantasy

C 빈칸에 알맞은 단어를 쓰시오.

01 ______________ : beautiful = 아름다움 : 아름다운

02 music : ______________ = 음악 : 음악적인

03 ______________ : magical = 마법, 마술 : 마술적인

04 fantasy : ______________ = 공상, 환상 : 환상적인

05 ______________ : mysterious = 미스터리 : 미스터리의

06 painting ≒ p______________ = 그림

D 암기한 단어를 이용하여 다음 문장을 완성하시오.

01 너는 그 소설을 읽었니?

→ Did you read that ___________?

02 나의 어머니는 화가셨다.

→ My mother was a ___________.

03 저 음은 높게 들린다.

→ That ___________ sounds high.

04 그 이야기는 어떻게 끝나니?

→ How does the ___________ end?

s로 시작하는 단어예요.

05 내 친구는 피아노를 잘 친다.

→ My friend plays the ___________ well.

06 나는 나무를 배경으로 사진을 찍었다.

→ I took a photo with trees in the ___________.

월
일
DAY 33

Body

☑ 오늘은 신체 관련 단어를 집중해서 암기할 거예요.

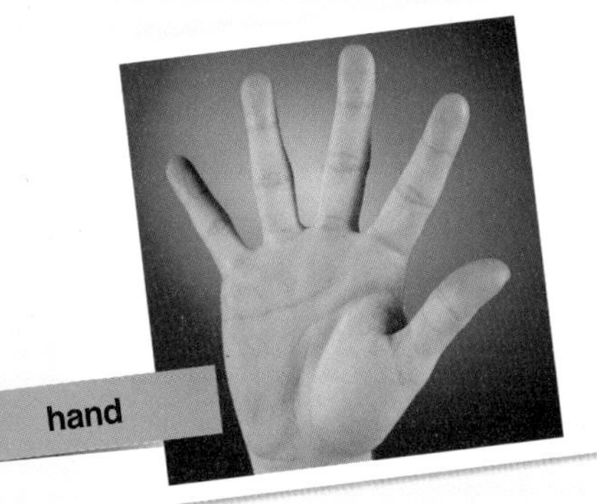

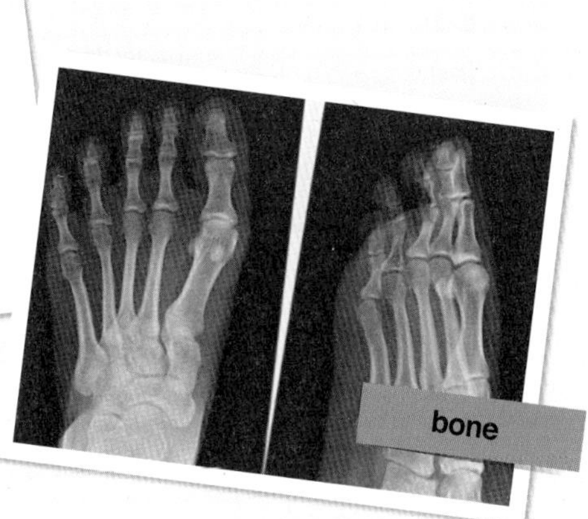

PREVIEW 아는 단어에 체크해 보세요. 아는 단어 / 25개

0801 □ eye
0802 □ ear
0803 □ nose
0804 □ mouth
0805 □ face
0806 □ hand
0807 □ foot
0808 □ head
0809 □ hair
0810 □ body
0811 □ finger
0812 □ tooth
0813 □ lip
0814 □ neck
0815 □ chin
0816 □ arm
0817 □ shoulder
0818 □ leg
0819 □ cheek
0820 □ nail
0821 □ toe
0822 □ knee
0823 □ bone
0824 □ stomach
0825 □ tongue

Basic

Voca Coach

0801 **eye** [ai]

e ___

명 눈

My **eyes** are dark brown.

내 눈은 어두운 갈색이다.

black eye는 '멍든 눈'을 말해요.

0802 **ear** [iər]

e ___

명 귀, 청각

She is deaf of one **ear**.

그녀는 한쪽 귀가 안 들린다.

eye
ear
nose
mouth

0803 **nose** [nouz]

___ se

명 코

He has a big **nose**.

그는 큰 코를 가지고 있다.

0804 **mouth** [mauθ]

___ th

명 입

Open your **mouth** wide.

입을 크게 벌리세요.

0805 **face** [feis]

fa ___

명 얼굴

I'll never forget her **face**.

나는 그녀의 얼굴을 절대 잊을 수 없을 것이다.

형 facial 얼굴의

0806 **hand** [hænd]

___ d

명 손

Raise your **hands**.

손을 들어 주세요.

형 handy 유용한, 편리한

0807 **foot**
[fut]
f t

명 발
I hurt my **foot** so I can't walk.
나는 발을 다쳐서 걸을 수 없다.

pl. feet

0808 **head**
[hed]
h d

명 머리
He shook his **head** left and right.
그는 머리를 좌우로 흔들었다.

0809 **hair**
[hɛər]
h

명 머리카락, 털
I should cut my **hair**.
나는 머리를 잘라야 한다.

형 hairy 털이 많은

0810 **body**
[bádi]
bo

명 몸, 신체
Let's study words about the **body**.
신체에 관한 단어를 공부해 보자.

Intermediate

0811 **finger**
[fíŋgər]
fin

명 손가락
The thumb is a short and thick **finger**.
엄지는 짧고 굵은 손가락이다.

다섯 손가락을 엄지부터 순서대로 외워 보세요. thumb, index finger, middle finger, ring finger, little finger (=pinky)

0812 **tooth**
[tu:θ]
th

명 이, 치아
The **tooth** was rotting.
그 이가 썩고 있었다.

pl. teeth

0813 **lip** [lip]
p

명 입술
My **lips** are dry, I need a **lip** balm.
입술이 말라서, 나는 립밤이 필요하다.

0814 **neck** [nek]
ne

명 목
Giraffes have very long **necks**.
기린은 매우 긴 목을 가지고 있다.

명 V-neck 목둘레가 V자 모양인 옷

0815 **chin** [tʃin]
n

명 턱
David has a spot on his **chin**.
David는 턱에 점이 있다.

Keep your chin up!은 '기운 내!'라는 표현으로 많이 쓰여요.

0816 **arm** [ɑːrm]
m

명 팔
He broke his **arm**.
그는 팔이 부러졌다.

shoulder
arm

0817 **shoulder** [ʃóuldər]
der

명 어깨
Rest your head on my **shoulder**.
내 어깨에 네 머리를 기대.

0818 **leg** [leg]
l

명 다리
Birds have two **legs**.
새는 다리가 두 개이다.

0819 **cheek** [tʃiːk]
ch k

명 볼, 뺨
Ally has round pink **cheeks**.
Ally는 동그란 분홍빛 볼을 가졌다.

cheek to cheek
뺨을 맞대고

Voca Coach

0820 nail

[neil]

l

명 손톱, 발톱

Don't bite your **nails**.

손톱을 물어뜯지 마.

nail은 '못; 못으로 박다'라는 뜻도 있어요.
I nailed the table.
나는 테이블에 못을 박았다.

0821 toe

[tou]

t

명 발가락

Baby's **toes** are so cute.

아기의 발가락은 너무 귀엽다.

big toe 엄지발가락
little toe 새끼발가락

Advanced

0822 knee

[niː]

ee

명 무릎

I have a scar on my **knee**.

나는 무릎에 흉터가 있다.

0823 bone

[boun]

ne

명 뼈

Our body has 206 **bones**.

우리 몸은 206개의 뼈를 가지고 있다.

0824 stomach

[stʌ́mək]

ch

명 위, 배

I feel heavy in the **stomach**.

나는 배가 더부룩하다.

명 stomachache 복통

0825 tongue

[tʌŋ]

ue

명 혀

The **tongue** feels the taste.

혀는 맛을 느낀다.

mother tongue 모국어

정답 p.310

A 영어는 우리말로, 우리말은 영어로 쓰시오.

01 eye
02 chin
03 nose
04 mouth
05 tongue
06 hand
07 foot
08 stomach
09 hair
10 shoulder
11 nail
12 tooth
13 lip
14 목
15 귀, 청각
16 팔
17 얼굴
18 다리
19 볼, 뺨
20 머리
21 발가락
22 무릎
23 뼈
24 몸, 신체
25 손가락

B 다음 표현을 우리말로 쓰시오.

01 a big nose
02 shake his head
03 on my shoulder
04 round pink cheeks
05 a short and thick finger

C 빈칸에 알맞은 단어를 쓰시오.

01 ______________ : feet = 발 : 발들

02 ______________ : facial = 얼굴 : 얼굴의

03 head : ______________ = 머리 : 머리카락

04 ______________ : teeth = 이, 치아 : 치아들

05 ______________ : toe = 손가락 : 발가락

06 ______________ : handy = 손 : 유용한, 편리한

D 암기한 단어를 이용하여 다음 문장을 완성하시오.

01 입을 크게 벌리세요.

→ Open your ___________ wide.

02 나는 무릎에 흉터가 있다.

→ I have a scar on my ___________.

03 내 눈은 어두운 갈색이다.

→ My ___________ are dark brown.

한쪽 눈을 말할 때를 제외하고는 복수형으로 써요.

04 David는 턱에 점이 있다.

→ David has a spot on his ___________.

05 기린은 매우 긴 목을 가지고 있다.

→ Giraffes have very long ___________s.

06 신체에 관한 단어를 공부해 보자.

→ Let's study words about the ___________.

DAY 33

월
일
DAY 34

Health

☑ 오늘은 건강 관련 단어를 집중해서 암기할 거예요.

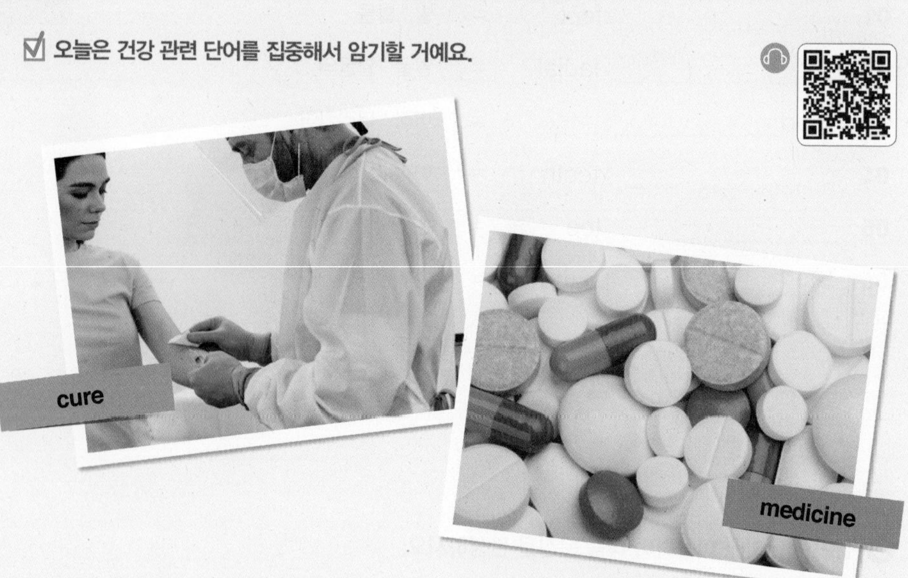

PREVIEW 아는 단어에 체크해 보세요. 아는 단어 / 25개

0826	□ sick	0839	□ pain
0827	□ hospital	0840	□ fever
0828	□ safe	0841	□ cure
0829	□ weak	0842	□ ache
0830	□ strong	0843	□ headache
0831	□ health	0844	□ see a doctor
0832	□ nurse	0845	□ get well
0833	□ hurt	0846	□ medicine
0834	□ treat	0847	□ weight
0835	□ relax	0848	□ germ
0836	□ die	0849	□ cough
0837	□ rest	0850	□ sneeze
0838	□ virus		

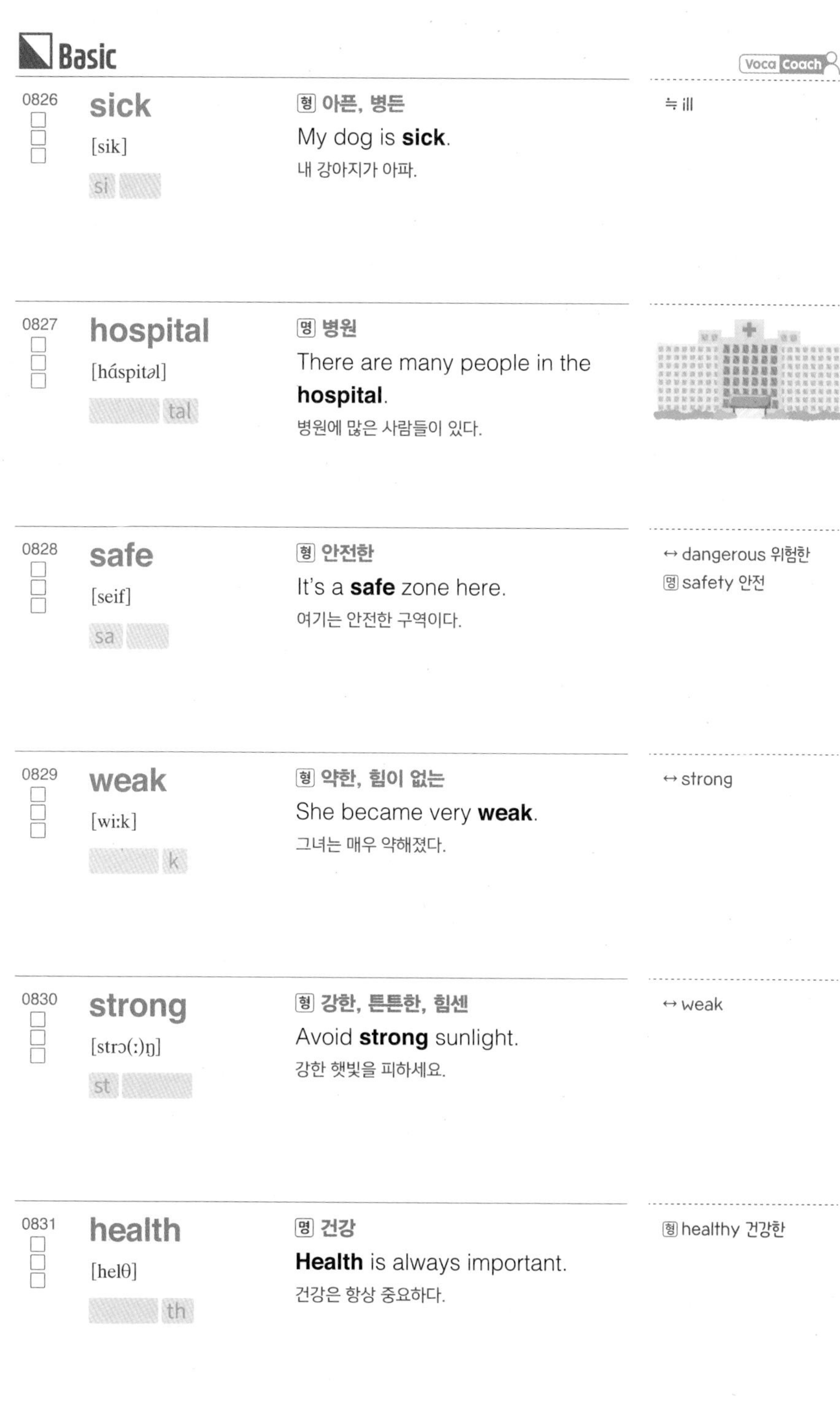

Basic

Voca Coach

0826 **sick** [sik]
si

형 **아픈, 병든**
My dog is **sick**.
내 강아지가 아파.

≒ ill

0827 **hospital** [hɑ́spitəl]
tal

명 **병원**
There are many people in the **hospital**.
병원에 많은 사람들이 있다.

0828 **safe** [seif]
sa

형 **안전한**
It's a **safe** zone here.
여기는 안전한 구역이다.

↔ dangerous 위험한
명 safety 안전

0829 **weak** [wiːk]
k

형 **약한, 힘이 없는**
She became very **weak**.
그녀는 매우 약해졌다.

↔ strong

0830 **strong** [strɔ(ː)ŋ]
st

형 **강한, 튼튼한, 힘센**
Avoid **strong** sunlight.
강한 햇빛을 피하세요.

↔ weak

0831 **health** [helθ]
th

명 **건강**
Health is always important.
건강은 항상 중요하다.

형 healthy 건강한

DAY 34

0832 **nurse** [nəːrs] ▒ se

명 간호사
I want to be a **nurse**.
나는 간호사가 되고 싶다.

명 doctor 의사

Intermediate

0833 **hurt** [həːrt] ▒ t

동 다치게 하다, 아프다
Did you **hurt** your leg?
너는 다리를 다쳤니?

(과거형) hurt-hurt

0834 **treat** [triːt] t ▒ t

동 치료하다; 다루다, 대하다
The doctor will **treat** me with a new drug.
그 의사는 신약으로 나를 치료할 것이다.

0835 **relax** [rilǽks] re ▒

동 휴식을 취하다, 쉬다
Yoga will help you **relax**.
요가는 네가 긴장을 푸는 데 도움이 될 것이다.

0836 **die** [dai] d ▒

동 죽다
Everybody **dies** at some point.
누구나 언젠가는 죽는다.

형 dead 죽은
명 death 죽음
die라는 말 대신 pass away로 '사망하다'를 나타내기도 해요.

0837 **rest** [rest] ▒ t

명 휴식 동 쉬다, 휴식하다
Let's take a **rest** for 10 minutes.
10분간 휴식하자.

rest는 '나머지'라는 뜻도 있어요.
The rest are the same.
나머지는 똑같다.

Voca Coach

0838 virus [váiərəs] vi______

명 (병을 일으키는) 바이러스
The **virus** attacks cells in the body.
그 바이러스는 몸 안에 세포들을 공격한다.

computer virus 컴퓨터 바이러스

0839 pain [pein] p___n

명 고통, 통증
I cried in **pain**.
나는 아파서 울었다.

≒ ache 아픔, 통증
in pain 아파서

0840 fever [fíːvər] fe______

명 열
He has a high **fever**.
그는 고열이 있다.

0841 cure [kjuər] ______re

동 치료하다, 낫게 하다
The doctor can **cure** him.
그 의사는 그를 치료할 수 있다.

0842 ache [eik] ______e

명 아픔, 통증
Do you have an **ache** in your back?
등에 통증이 있나요?

≒ pain 아픔
보통 ache는 (한동안) 불편한 통증, pain은 강한 고통, 갑작스러운 고통을 의미해요.

0843 headache [hédèik] ______ache

명 두통
My mom has a **headache**.
나의 엄마는 두통이 있다.

<신체 부위+-ache>는 그 부위의 통증을 말해요.
명 toothache 치통
명 stomachache 복통

0844 see a doctor

병원에 가다, 진찰을 받다
You need to **see a doctor**.
너는 병원에 가야 한다.

'치과에 가다'라고 할 때는 see a dentist라고 해요.

DAY 34

0845 get well

(병이) 나아지다, 회복하다

I hope you **get well** soon.

네가 어서 낫기를 바란다.

≒ recover (from) (건강이) 회복되다

Advanced

0846 **medicine** [médisin]

medi

명 약, 약물

Take the **medicine** three times a day.

약을 하루에 세 번 복용하세요.

명 tablet 알약, 정제
명 capsule 캡슐

0847 **weight** [weit]

ght

명 무게, 체중

I gained **weight**.

나는 몸무게가 늘었다.

동 weigh 무게가 ~ 나가다

0848 **germ** [dʒəːrm]

m

명 세균

This hand cream kills **germs**.

이 핸드크림은 세균을 죽인다.

0849 **cough** [kɔ(ː)f]

gh

동 기침하다 명 기침

I have a **cough** and a fever.

나는 기침이 나고 열이 난다.

0850 **sneeze** [sniːz]

ze

동 재채기하다 명 재채기

The cat allergy made her **sneeze**.

고양이 알레르기가 그녀를 재채기하게 만들었다.

정답 p.310

DAY 34

A 영어는 우리말로, 우리말은 영어로 쓰시오.

01 sick
02 fever
03 safe
04 weak
05 headache
06 health
07 sneeze
08 weight
09 treat
10 get well
11 die
12 rest
13 cure
14 고통, 통증
15 병원
16 바이러스
17 아픔, 통증
18 강한, 튼튼한
19 병원에 가다
20 간호사
21 약, 약물
22 휴식을 취하다, 쉬다
23 세균
24 기침하다; 기침
25 다치게 하다, 아프다

B 다음 표현을 우리말로 쓰시오.

01 take a rest
02 a high fever
03 strong sunlight
04 have a headache
05 take the medicine

C 빈칸에 알맞은 단어를 쓰시오.

01 ______________ : dead = 죽다 : 죽은

02 ______________ ↔ strong = 약한 ↔ 강한

03 weigh : ______________ = 무게가 ~ 나가다 : 무게, 체중

04 ______________ : healthy = 건강 : 건강한

05 dangerous : ______________ = 위험한 : 안전한

06 a______________ ≒ pain = 아픔, 통증

D 암기한 단어를 이용하여 다음 문장을 완성하시오.

01 나는 아파서 울었다.

→ I cried in __________.

02 너는 다리를 다쳤니?

→ Did you __________ your leg?

03 나는 기침이 나고 열이 난다.

→ I have a __________ and a fever.

04 네가 어서 낫기를 바란다.

→ I hope you __________ __________ soon.

05 병원에 많은 사람들이 있다.

→ There are many people in the __________.

06 너는 병원에 가야 한다.

→ You need to __________ __________ __________.

단어 뜻 그대로 해석하면 '의사를 보다'라는 뜻의 표현이에요.

월
일
DAY 35

Actions

☑ 오늘은 행동 관련 단어를 집중해서 암기할 거예요.

PREVIEW 아는 단어에 체크해 보세요. 아는 단어 / 25개

0851 □ have
0852 □ make
0853 □ give
0854 □ move
0855 □ eat
0856 □ sleep
0857 □ stand
0858 □ sit
0859 □ use
0860 □ begin
0861 □ finish
0862 □ wake
0863 □ drop
0864 □ bring
0865 □ build
0866 □ break
0867 □ lift
0868 □ wash
0869 □ push
0870 □ get up
0871 □ pass by
0872 □ turn on[off]
0873 □ fill in
0874 □ do the dishes
0875 □ make fun of

Basic

Voca Coach

0851 **have** [hæv]
ha

동 가지다; 먹다, 마시다
I **have** a pretty pencil case.
나는 예쁜 필통을 가지고 있다.

(과거형) had-had

0852 **make** [meik]
ke

동 만들다
Let's **make** a carrot cake.
당근케이크를 만들자.

(과거형) made-made

0853 **give** [giv]
gi

동 주다
Give me the salt, please.
그 소금을 나에게 주세요.

(과거형) gave-given

0854 **move** [mu:v]
mo

동 움직이다
Don't **move** and stay there.
움직이지 말고 거기에 그대로 있어.

0855 **eat** [i:t]
t

동 먹다
I don't **eat** meat very much.
나는 고기를 별로 안 먹는다.

(과거형) ate-eaten

0856 **sleep** [sli:p]
s p

동 자다 명 잠, 수면
I tried to **sleep**.
나는 자려고 노력했다.

(과거형) slept-slept

Voca Coach

0857 stand

[stænd]

s d

동 서다, 서 있다

Stand up, please.

일어나 주세요.

(과거형) stood-stood

0858 sit

[sit]

s

동 앉다

Lena wanted to **sit** down.

Lena는 앉길 원했다.

(과거형) sat-sat

Intermediate

0859 use

[juːz]

u

동 사용하다 명 사용

Can I **use** your pen?

너의 펜을 써도 될까?

명 [juːs]

형 useful 유용한, 쓸모 있는

0860 begin

[bigín]

be

동 시작하다, 시작되다

Suddenly, he **began** to run.

갑자기 그는 달리기 시작했다.

(과거형) began-begun

≒ start 시작하다

0861 finish

[fíniʃ]

fi

동 끝내다, 끝나다

I **finished** the homework first.

나는 숙제를 제일 먼저 끝냈다.

0862 wake

[weik]

ke

동 (잠에서) 깨다, 깨우다

Don't **wake** the baby.

아기를 깨우지 마.

(과거형) woke-waken

0863 **drop** [drɑp] d

동 떨어뜨리다, 떨어지다
I **drop** things often.
나는 물건을 자주 떨어뜨린다.

0864 **bring** [briŋ] b

동 가져오다, 데려오다
I will **bring** a present for Helen.
나는 Helen을 위한 선물을 가져올게.

(과거형) brought-brought

0865 **build** [bild] ld

동 짓다, 건설하다
The birds **build** their nests on the tree.
새들이 나무에 둥지를 짓는다.

(과거형) built-built
명 building 건물

0866 **break** [breik] b k

동 깨뜨리다, 부수다
A strong wind can **break** glass.
강한 바람은 유리를 깨뜨릴 수 있다.

(과거형) broke-broken
break은 명사로 '휴식'이라는 뜻도 있어요.
break time 휴식 시간

0867 **lift** [lift] t

동 들어 올리다
I can't **lift** heavy boxes.
나는 무거운 상자를 들어 올릴 수 없다.

영국에서는 엘리베이터(elevator)를 lift라고 하기도 해요.

0868 **wash** [wɑʃ] wa

동 씻다, 빨래하다
It is important to **wash** your hands.
손을 씻는 것이 중요하다.

≒ clean 청소하다, 닦다
washing machine 세탁기

0869 **push** [puʃ] sh

동 밀다
You **push** and I'll pull.
네가 밀어, 내가 당길게.

↔ pull 당기다

0870 get up

(잠에서) 일어나다, (앉거나 누워 있다가) 일어나다

I **get up** at 7 every morning.

나는 매일 아침 7시에 일어난다.

0871 pass by

옆을 지나다, 지나치다

My friend **passes by** my house every day.

내 친구는 매일 우리 집을 지나간다.

Advanced

0872 turn on[off]

~을 켜다[끄다]

Can you **turn on[off]** the light?

불을 켜[꺼] 줄래?

TV, 라디오 등 전자 기기를 켜고 끌 때 보통 turn on[off]을 써요.

0873 fill in

~을 채우다, ~을 써넣다; ~을 메우다

Fill in the blanks with your full name and address.

빈칸에 성명과 주소를 써넣으세요.

0874 do the dishes

설거지하다

I'll **do the dishes**.

내가 설거지할게.

≒ wash the dishes 설거지하다

0875 make fun of

~을 놀리다, ~을 비웃다

Sometimes they **make fun of** me.

때때로 그들은 나를 놀린다.

Daily Check

정답 p.310

A 영어는 우리말로, 우리말은 영어로 쓰시오.

01 have

02 begin

03 give

04 finish

05 eat

06 wash

07 break

08 sit

09 bring

10 get up

11 fill in

12 wake

13 drop

14 움직이다

15 짓다, 건설하다

16 만들다

17 들어 올리다

18 잠을 자다; 잠

19 밀다

20 서다, 서 있다

21 옆을 지나다

22 ~을 켜다[끄다]

23 사용하다; 사용

24 설거지하다

25 ~을 놀리다

B 다음 표현을 우리말로 쓰시오.

01 stand up

02 break glass

03 use your pen

04 pass by my house

05 finish the homework

C 빈칸에 알맞은 단어를 쓰시오.

01 __________ : gave = 주다 : 주었다

02 __________ ↔ pull = 밀다 ↔ 당기다

03 building : __________ = 건물 : 짓다, 건설하다

04 clean ≒ w__________ = 청소하다 ≒ 씻다

05 __________ : woke = 깨우다 : 깨웠다

06 b__________ ≒ start = 시작하다

DAY 35

D 암기한 단어를 이용하여 다음 문장을 완성하시오.

01 나는 무거운 상자를 들어 올릴 수 없다.

→ I can't __________ heavy boxes.

02 당근케이크를 만들자.

→ Let's __________ a carrot cake.

03 나는 Helen을 위한 선물을 가져올게.

→ I will __________ a present for Helen.

04 불을 켜 줄래?

→ Can you __________ __________ the light?

반대의 뜻인 '끄다'는 turn off예요.

05 나는 매일 아침 7시에 일어난다.

→ I __________ __________ at 7 every morning.

06 때때로 그들은 나를 놀린다.

→ Sometimes they __________ __________ __________ me.

DAY 31~35 누적 테스트

* 꼭 암기해야 하는 중요도 최상의 단어들을 확인하세요.

A 영어를 우리말로 쓰시오.

01	cartoon	**11**	stage
02	body	**12**	neck
03	story	**13**	pattern
04	interesting	**14**	lift
05	break	**15**	cure
06	picture	**16**	musician
07	pain	**17**	fill in
08	bring	**18**	medicine
09	sneeze	**19**	tongue
10	popular	**20**	background

B 우리말을 영어로 쓰시오.

01	얼굴	**11**	재능, 소질
02	영화	**12**	머리카락, 털
03	병원	**13**	마법, 마술
04	손가락	**14**	두통
05	만들다	**15**	대본, 원고
06	문화	**16**	잠을 자다; 잠
07	무게, 체중	**17**	약한, 힘이 없는
08	어깨	**18**	거장, 대가; 주인
09	짓다, 건설하다	**19**	밀다
10	모험, 모험심	**20**	무릎

Ⓒ 다음 표현을 우리말로 쓰시오.

01 a safe zone ______________

02 musical talent ______________

03 strong sunlight ______________

04 wash your hands ______________

05 round pink cheeks ______________

06 famous around the world ______________

Ⓓ 암기한 단어를 이용하여 다음 문장을 완성하시오.

01 너는 그 소설을 읽었니?

→ Did you read that ___________?

02 나는 배가 더부룩하다.

→ I feel heavy in the ___________.

03 나는 기침이 나고 열이 난다.

→ I have a ___________ and a fever.

04 나는 숙제를 제일 먼저 끝냈다.

→ I ___________ the homework first.

'끝냈다'이므로 과거형으로 써요.

05 David는 턱에 점이 있다.

→ David has a spot on his ___________.

06 그 (여자) 배우는 배역을 잘 해냈다.

→ The actress played her ___________ well.

월
일
DAY 36

Plants

☑ 오늘은 식물 관련 단어를 집중해서 암기할 거예요.

PREVIEW 아는 단어에 체크해 보세요. 아는 단어 ____ / 25개

0876 □ flower
0877 □ tree
0878 □ leaf
0879 □ farm
0880 □ water
0881 □ sunlight
0882 □ grow
0883 □ field
0884 □ wood
0885 □ grass
0886 □ garden
0887 □ branch
0888 □ ground
0889 □ soil
0890 □ hole
0891 □ plant
0892 □ fall
0893 □ fruit
0894 □ vegetable
0895 □ olive
0896 □ strawberry
0897 □ discover
0898 □ cucumber
0899 □ mushroom
0900 □ take care of

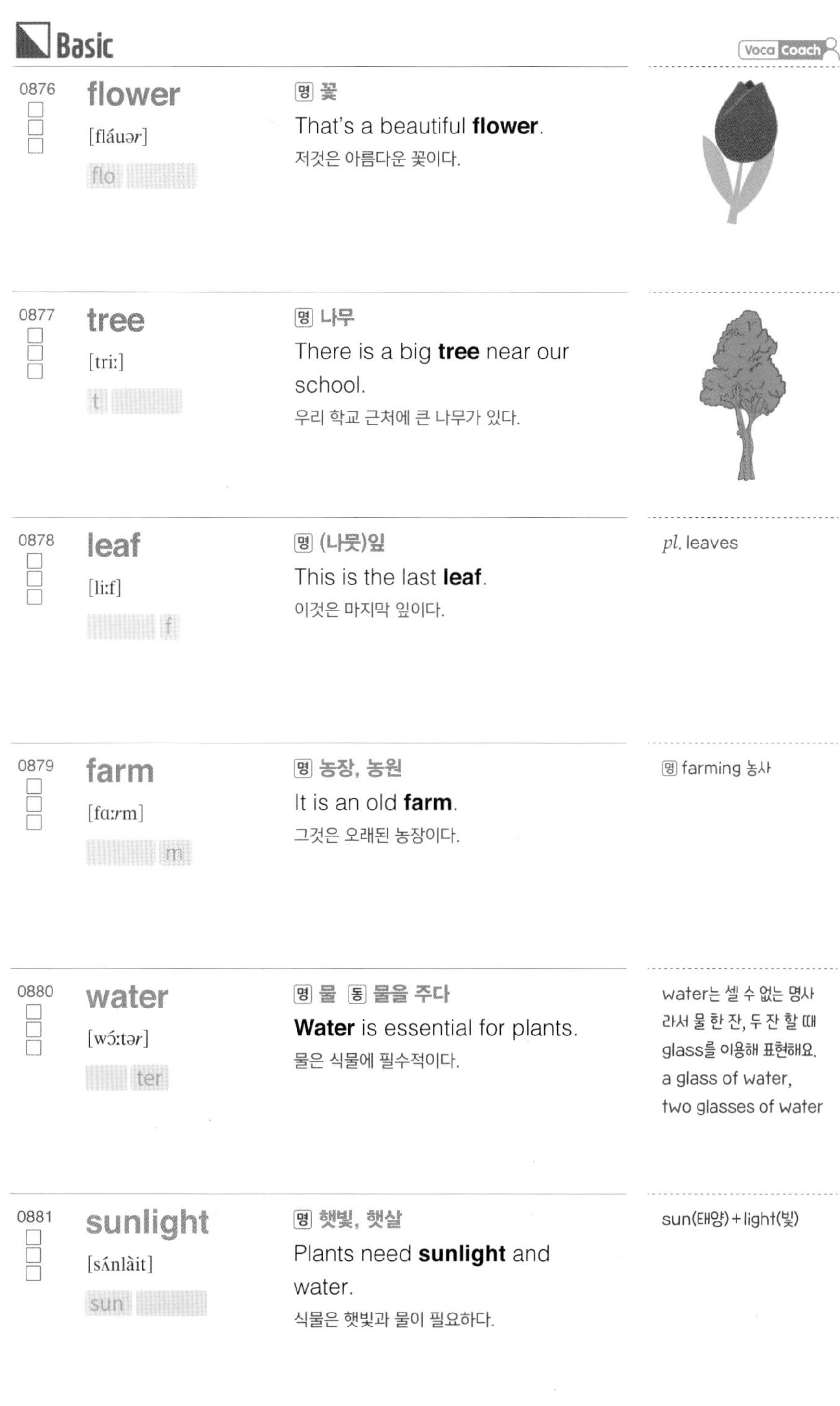

Basic

Voca Coach

0876 **flower** [fláuər] flo
명 꽃
That's a beautiful **flower**.
저것은 아름다운 꽃이다.

0877 **tree** [triː] t
명 나무
There is a big **tree** near our school.
우리 학교 근처에 큰 나무가 있다.

0878 **leaf** [liːf] f
명 (나뭇)잎
This is the last **leaf**.
이것은 마지막 잎이다.
pl. leaves

0879 **farm** [fɑːrm] m
명 농장, 농원
It is an old **farm**.
그것은 오래된 농장이다.
명 farming 농사

0880 **water** [wɔ́ːtər] ter
명 물 동 물을 주다
Water is essential for plants.
물은 식물에 필수적이다.
water는 셀 수 없는 명사라서 물 한 잔, 두 잔 할 때 glass를 이용해 표현해요. a glass of water, two glasses of water

0881 **sunlight** [sʌ́nlàit] sun
명 햇빛, 햇살
Plants need **sunlight** and water.
식물은 햇빛과 물이 필요하다.
sun(태양)+light(빛)

DAY 36

0882 **grow** [grou] g

동 재배하다, 기르다; 자라다

It **grows** so fast.
그것은 매우 빠르게 자란다.

(과거형) grew-grown

Intermediate

0883 **field** [fi:ld] ld

명 들판, 밭

He walked across the **field**.
그는 들판을 가로질러 걸어갔다.

'분야'라는 뜻으로도 많이 쓰이니 알아 두세요.
He is an expert in this field.
그는 이 분야에서 전문가이다.

0884 **wood** [wud] d

명 나무, 목재; 숲

The desk is made of **wood**.
그 책상은 나무로 만들어졌다.

0885 **grass** [græs] gra

명 풀, 잔디

The **grass** is soft.
잔디가 부드럽다.

0886 **garden** [gá:rdən] den

명 정원, 뜰

Jim made a **garden** in his house.
Jim은 그의 집에 정원을 만들었다.

≒ yard

0887 **branch** [bræntʃ] ch

명 나뭇가지

We used the **branch** of an old tree.
우리는 오래된 나무의 나뭇가지를 사용했다.

나무에서 나뭇가지가 뻗어 나왔듯이, '본점'에서 나온 '지점'을 이야기할 때 branch를 써요.
Seoul branch 서울 지점

0888 **ground**
[graund]
g d

명 땅, 토양
Let's sow seeds on the **ground**.
땅에 씨를 뿌리자.

0889 **soil**
[sɔil]
s l

명 토양, 흙
Roots are under the **soil**.
뿌리는 흙 밑에 있다.

≒ ground 땅, 토양
land (특정 유형의) 땅
earth 땅, 지면

0890 **hole**
[houl]
h

명 구덩이, 구멍
He dug a **hole** and planted a tree.
그는 구덩이를 파서 나무를 심었다.

0891 **plant**
[plænt]
p t

명 식물 동 심다
Do you know this **plant**?
너는 이 식물을 아니?

'(대규모) 공장'이라는 뜻도 있어요.
chemical plant 화학 공장

0892 **fall**
[fɔːl]
fa

동 떨어지다 명 가을
Leaves **fall** on the ground.
잎이 땅에 떨어진다.

(과거형) fell-fallen

0893 **fruit**
[fruːt]
f t

명 과일, 열매
The **fruit** is small and round.
그 과일은 작고 동그랗다.

0894 **vegetable**
[védʒitəbl]
table

명 채소, 야채
I like to eat **vegetables**.
나는 채소 먹는 것을 좋아한다.

명 vegetarian 채식주의자

0895 ☐☐☐ **olive** [áliv] ▒▒ve

명 올리브
Olive is dark green.
올리브는 어두운 녹색이다.

형용사로 '올리브색[황갈색]의'라는 뜻으로도 쓰여요.

0896 ☐☐☐ **strawberry** [strɔ́:bèri] ▒▒berry

명 딸기
We harvested **strawberries** in our field.
우리는 우리 밭에서 딸기를 수확했다.

pl. strawberries

Advanced

0897 ☐☐☐ **discover** [diskʌ́vər] dis▒▒

동 발견하다
I **discover** wild plants in the mountain sometimes.
나는 가끔 산에서 야생 식물을 발견한다.

dis-(반대를 나타내는 접두사)+동 cover(덮다)
명 discovery 발견

0898 ☐☐☐ **cucumber** [kjú:kʌmbər] ▒▒ber

명 오이
A **cucumber** is a healthy vegetable.
오이는 건강에 좋은 채소이다.

0899 ☐☐☐ **mushroom** [mʌ́ʃru(:)m] ▒▒room

명 버섯
I ordered a **mushroom** pizza.
나는 버섯 피자를 주문했다.

0900 ☐☐☐ **take care of**

~을 돌보다, ~에 신경 쓰다
My dad **takes care of** the garden.
나의 아빠는 정원을 돌보신다.

명 care 돌봄, 보살핌

정답 p.311

A 영어는 우리말로, 우리말은 영어로 쓰시오.

01 soil
02 tree
03 leaf
04 plant
05 water
06 vegetable
07 grow
08 field
09 wood
10 cucumber
11 garden
12 mushroom
13 ground
14 풀, 잔디
15 구덩이, 구멍
16 농장
17 떨어지다; 가을
18 과일, 열매
19 햇빛, 햇살
20 올리브
21 딸기
22 발견하다
23 꽃
24 나뭇가지
25 ~을 돌보다

B 다음 표현을 우리말로 쓰시오.

01 a big tree
02 grow so fast
03 made of wood
04 across the field
05 a beautiful flower

C 빈칸에 알맞은 단어를 쓰시오.

01 light : ______________ = 빛 : 햇빛

02 ______________ : leaves = 나뭇잎 : 나뭇잎들

03 ______________ : vegetarian = 채소 : 채식주의자

04 ______________ : farming = 농장, 농원 : 농사

05 discovery : ______________ = 발견 : 발견하다

06 ______________ : fell = 떨어지다 : 떨어졌다

D 암기한 단어를 이용하여 다음 문장을 완성하시오.

01 뿌리는 흙 밑에 있다.

→ Roots are under the __________.

02 땅에 씨를 뿌리자.

→ Let's sow seeds on the __________.

03 Jim은 그의 집에 정원을 만들었다.

→ Jim made a __________ in his house.

04 우리는 오래된 나무의 나뭇가지를 사용했다.

→ We used the __________ of an old tree.

05 그는 구덩이를 파서 나무를 심었다.

→ He dug a __________ and planted a tree.

06 나의 아빠는 정원을 돌보신다.

→ My dad __________ __________ __________ the garden.

주어가 3인칭 단수 현재이므로 동사에 -s를 붙여요.

월
일
DAY 37

Animals & Insects

☑ 오늘은 동물과 곤충 관련 단어를 집중해서 암기할 거예요.

PREVIEW 아는 단어에 체크해 보세요. 아는 단어 ___ / 25개

0901 □ animal
0902 □ ant
0903 □ tiger
0904 □ monkey
0905 □ cow
0906 □ bear
0907 □ horse
0908 □ butterfly
0909 □ goat
0910 □ zebra
0911 □ giraffe
0912 □ elephant
0913 □ mouse
0914 □ sheep
0915 □ deer
0916 □ camel
0917 □ shark
0918 □ tail
0919 □ fly
0920 □ worm
0921 □ insect
0922 □ fur
0923 □ feather
0924 □ crocodile
0925 □ lizard

Basic

Voca Coach

0901 **animal** [ǽnəməl]

▢▢▢

▒▒▒ mal

명 동물

We shouldn't keep **animals** in the zoo.

우리는 동물들을 동물원에 가둬서는 안 된다.

0902 **ant** [ænt]

▢▢▢

a ▒▒

명 개미

Ants are famous for working hard.

개미는 열심히 일하는 것으로 유명하다.

0903 **tiger** [táigər]

▢▢▢

ti ▒▒▒

명 호랑이

We saw a **tiger** at the zoo.

우리는 동물원에서 호랑이를 보았다.

명 lion 사자

0904 **monkey** [mʌ́ŋki]

▢▢▢

▒▒▒ key

명 원숭이

There is a **monkey** in the tree.

나무에 원숭이가 있다.

유의어인 ape은 '꼬리 없는 원숭이, 유인원'을 말할 때 써요.

0905 **cow** [kau]

▢▢▢

c ▒▒

명 젖소, 암소

They raise milk **cows**.

그들은 젖소를 키운다.

'수컷 소'는 보통 bull이라고 하는데, 요즘은 cow가 성별 구분 없이 '소'를 총칭하는 단어로 많이 쓰여요.

0906 **bear** [bɛər]

▢▢▢

b ▒▒ r

명 곰

Look at the big **bear** there.

저기 큰 곰을 봐.

동사로 쓰이면 '참다'라는 뜻이 있어요.

I can't bear.

나는 참을 수 없어.

Voca Coach

0907 horse

[hɔːrs]

☐☐☐ se

명 말

Horses run fast.

말은 빨리 달린다.

eat like a horse는 '아주 많이 먹다'라는 뜻으로 쓰여요.

Intermediate

0908 butterfly

[bʌ́tərflài]

☐☐☐ fly

명 나비

The **butterfly** is sitting on the flower.

나비가 꽃에 앉아 있다.

0909 goat

[gout]

☐☐☐ g t

명 염소

Where is the little **goat**?

새끼 염소는 어디 있어요?

a herd of goat 염소 떼

0910 zebra

[zíːbrə]

☐☐☐ ze

명 얼룩말

Zebras have stripes.

얼룩말은 줄무늬가 있다.

0911 giraffe

[dʒərǽf]

☐☐☐ gira

명 기린

Many **giraffes** live in Africa.

많은 기린들이 아프리카에 산다.

0912 elephant

[éləfənt]

☐☐☐ ele

명 코끼리

An **elephant** is a very big animal.

코끼리는 매우 큰 동물이다.

like an elephant는 '기억력이 좋다'라는 뜻으로 쓰여요.

0913 mouse [maus] 　se
명 쥐, 생쥐
It is a fast **mouse**.
그건 빠른 생쥐예요.
pl. mice
컴퓨터의 마우스를 뜻하기도 하는데, 실제로 마우스가 개발되었을 때 쥐의 모습과 닮아 mouse라고 불렸다고 해요.

0914 sheep [ʃiːp] 　sh　p
명 양
He keeps his **sheep**.
그는 양을 지킨다.
pl. sheep (단수와 복수의 형태가 똑같아요.)

0915 deer [diər] 　d　r
명 사슴
There is a **deer** in the forest.
숲속에 사슴이 있다.
pl. deer (단수와 복수의 형태가 똑같아요.)

0916 camel [kǽməl] 　ca
명 낙타
You can ride a **camel**.
너는 낙타를 탈 수 있다.

0917 shark [ʃɑːrk] 　k
명 상어
The largest **shark** is the whale shark.
가장 큰 상어는 고래상어다.
명 whale 고래

0918 tail [teil] 　t　l
명 꼬리
The pig's **tail** is cute.
돼지 꼬리는 귀엽다.

0919 fly [flai] 　f
명 파리 동 날다
A **fly** is sitting on his chin.
파리가 그의 턱에 앉았다.
It can fly.
그것은 날 수 있다.

Voca Coach

0920 **worm**

[wəːrm]

m

명 벌레

I hate **worms**.

나는 벌레를 싫어한다.

(속담) The early bird catches the worm.
일찍 일어나는 새가 벌레를 잡는다.

0921 **insect**

[ínsekt]

in

명 곤충

Most **insects** have wings.

대부분의 곤충들은 날개가 있다.

0922 **fur**

[fəːr]

f

명 털, 모피

Some animals have **fur**.

일부 동물들은 털을 가지고 있다.

머리카락처럼 부드러운 털, 빠져 있는 털 등을 가리킬 때는 hair라고도 해요.

Advanced

0923 **feather**

[féðər]

fea

명 (새의) 털, 깃털

Feathers are light.

깃털은 가볍다.

(속담) Birds of the same feather flock together.
날개가 같은 새들은 함께 모인다. (유유상종)

0924 **crocodile**

[krákədàil]

dile

명 악어

One of them is the **crocodile**.

저것들 중 하나는 악어예요.

≒ alligator

0925 **lizard**

[lízərd]

li

명 도마뱀

The **lizard** is running away.

도마뱀이 도망가고 있다.

정답 p.311

A 영어는 우리말로, 우리말은 영어로 쓰시오.

01 animal

02 worm

03 tiger

04 feather

05 cow

06 bear

07 horse

08 fur

09 insect

10 zebra

11 crocodile

12 lizard

13 mouse

14 양

15 개미

16 원숭이

17 상어

18 나비

19 파리; 날다

20 염소

21 낙타

22 기린

23 사슴

24 꼬리

25 코끼리

B 다음 표현을 우리말로 쓰시오.

01 the pig's tail

02 the little goat

03 ride a camel

04 many giraffes

05 a deer in the forest

C 빈칸에 알맞은 단어를 쓰시오.

01 whale : ______________ = 고래 : 상어

02 ______________ : sheep = 양 : 양들

03 lion : ______________ = 사자 : 호랑이

04 fly : ______________ = 파리 : 나비

05 ______________ : mice = 생쥐 : 생쥐들

06 c______________ ≒ alligator = 악어

D 암기한 단어를 이용하여 다음 문장을 완성하시오.

01 일부 동물들은 털을 가지고 있다.

→ Some animals have __________.

02 도마뱀이 도망가고 있다.

→ The __________ is running away.

03 나무에 원숭이가 있다.

→ There is a __________ in the tree.

04 파리가 그의 턱에 앉았다.

→ A __________ is sitting on his chin.

05 코끼리는 매우 큰 동물이다.

→ An __________ is a very big animal.

06 개미는 열심히 일하는 것으로 유명하다.

→ __________ are famous for working hard.

be동사가 are이므로 앞에는 -s를 붙인 복수형이 와야 해요.

DAY 37

월
일
DAY 38

Weather & Seasons

☑ 오늘은 날씨와 계절 관련 단어를 집중해서 암기할 거예요.

PREVIEW 아는 단어에 체크해 보세요. 아는 단어 / 25개

0926 □ warm
0927 □ hot
0928 □ cool
0929 □ cold
0930 □ rain
0931 □ cloud
0932 □ snow
0933 □ clear
0934 □ sunny
0935 □ windy
0936 □ blow
0937 □ foggy
0938 □ rainy
0939 □ cloudy
0940 □ humid
0941 □ weather
0942 □ season
0943 □ spring
0944 □ summer
0945 □ autumn
0946 □ winter
0947 □ freezing
0948 □ shower
0949 □ lightning
0950 □ typhoon

Basic

Voca Coach

0926 **warm** [wɔːrm]

□□□

m

형 따뜻한

It's **warm** inside.

안은 따뜻하다.

↔ cool

0927 **hot** [hɑt]

□□□

h

형 더운, 뜨거운

It is so **hot** outside.

밖은 너무 덥다.

↔ cold

0928 **cool** [kuːl]

□□□

c l

형 시원한

The wind is **cool** on the hill.

언덕 위의 바람이 시원하다.

↔ warm

0929 **cold** [kould]

□□□

c d

형 추운, 차가운

It is too **cold**, isn't it?

날씨가 너무 추워, 그렇지 않니?

↔ hot

명사로 '감기'라는 뜻도 꼭 알아 두세요.

I have a cold.

나는 감기에 걸렸다.

0930 **rain** [rein]

□□□

r n

명 비 동 비가 오다

It is **raining** now.

지금 비가 오고 있다.

heavy rain 폭우

0931 **cloud** [klaud]

□□□

c d

명 구름

The sun went behind a **cloud**.

해가 구름 뒤로 갔다.

DAY 38

0932 **snow** [snou]
s

명 눈 동 눈이 오다
It **snowed** a lot last Christmas.
지난 크리스마스에 눈이 많이 내렸다.

명 snowman 눈사람
heavy snow 폭설

Intermediate

0933 **clear** [kliər]
c r

형 (날씨가) 맑은
You can see Namsan Mountain on a **clear** day.
맑은 날에는 남산을 볼 수 있다.

'분명한, 확실한'이란 뜻도 같이 외워 두세요.
This is clear.
이건 확실하다.

0934 **sunny** [sʌ́ni]
su

형 화창한
It's **sunny** there all year round.
그곳은 일 년 내내 화창하다.

명 sun 태양, 해

0935 **windy** [wíndi]
dy

형 바람이 (많이) 부는
Why is it so **windy** this morning?
오늘 아침에 왜 이렇게 바람이 불까?

명 wind 바람

0936 **blow** [blou]
b

동 (바람이) 불다
The wind **blows** hard.
바람이 세게 분다.

(과거형) blew-blown
'(입으로 풍선, 피리 등을) 불다'의 뜻도 같이 외워 두세요.

0937 **foggy** [fɔ́(:)gi]
fo

형 안개가 낀
It is very **foggy** in London.
런던은 안개가 짙게 낀다.

명 fog 안개

0938 **rainy** [réini]

y

형 **비가 오는**

I like **rainy** days.

나는 비 오는 날을 좋아한다.

명 rain 비

rainy season 장마철

0939 **cloudy** [kláudi]

y

형 **흐린, 구름 낀**

Tonight will be **cloudy**.

오늘 밤은 흐리겠습니다.

명 cloud 구름

↔ clear 맑은

0940 **humid** [hjú:mid]

hu

형 **습한**

I hate **humid** weather.

나는 습한 날씨가 싫다.

명 humidity 습도

0941 **weather** [wéðər]

ther

명 **날씨, 기상**

The **weather** is so nice today.

오늘 날씨가 매우 좋다.

0942 **season** [sí:zən]

son

명 **계절**

We have four **seasons** in Korea.

한국에는 사계절이 있다.

0943 **spring** [spriŋ]

sp

명 **봄**

Spring came late this year.

올해는 봄이 늦게 왔다.

spring은 '용수철', '(용수철처럼) 튀다'라는 뜻도 있어요.

0944 **summer** [sʌ́mər]

su

명 **여름**

It's very hot in **summer**.

여름에는 매우 덥다.

Voca Coach

0945 autumn

[ɔ́:təm]

au

명 가을

Leaves change color in **autumn**.

가을에 잎들은 색깔이 변한다.

≒ fall 가을
일반적으로 autumn은 영국식, fall은 미국식 영어로 알려져 있지만 어떤 어휘를 써도 괜찮아요.

0946 winter

[wíntər]

ter

명 겨울

We go skiing in **winter**.

우리는 겨울에 스키 타러 간다.

Advanced

0947 freezing

[frí:ziŋ]

free

형 몹시 추운

It is **freezing** here.

이곳은 몹시 춥다.

동 freeze 얼다, 얼리다

0948 shower

[ʃáuər]

wer

명 소나기

We had a **shower** in the evening.

저녁에 소나기가 왔다.

shower는 '샤워(하기)'라는 의미도 있어요.
take a shower 샤워를 하다

0949 lightning

[láitniŋ]

ning

명 번개

Lightning flashed in the sky.

하늘에서 번개가 번쩍였다.

명 light 빛
명 thunder 천둥

0950 typhoon

[taifú:n]

ty

명 태풍

A big **typhoon** hit this summer.

올해 여름에 큰 태풍이 강타했다.

태풍은 주로 아시아 지역의 기상 현상을 지칭하고, 같은 현상이 북미 쪽에서 진행되면 허리케인(hurricane)이라고 불러요.

정답 p.311

Ⓐ 영어는 우리말로, 우리말은 영어로 쓰시오.

01 summer
02 hot
03 cool
04 cold
05 rain
06 cloud
07 lightning
08 typhoon
09 winter
10 windy
11 blow
12 weather
13 rainy
14 흐린, 구름 낀
15 습한
16 (날씨가) 맑은
17 계절
18 봄
19 따뜻한
20 가을
21 화창한
22 몹시 추운
23 소나기
24 안개가 낀
25 눈; 눈이 오다

Ⓑ 다음 표현을 우리말로 쓰시오.

01 in winter
02 rainy days
03 four seasons
04 on a clear day
05 go behind a cloud

C 빈칸에 알맞은 단어를 쓰시오.

01 wind : ______________ = 바람 : 바람이 부는

02 ______________ ↔ hot = 차가운 ↔ 뜨거운

03 sun : ______________ = 태양, 해 : 화창한

04 ______________ ↔ clear = 구름 낀 ↔ 맑은

05 light : ______________ = 빛 : 번개

06 fall ≒ a______________ = 가을

D 암기한 단어를 이용하여 다음 문장을 완성하시오.

01 바람이 세게 분다.

→ The wind ___________s hard.

02 런던은 안개가 짙게 낀다.

→ It is very ___________ in London.

03 올해는 봄이 늦게 왔다.

→ ___________ came late this year.

04 오늘 날씨가 매우 좋다.

→ The ___________ is so nice today.

05 지난 크리스마스에 눈이 많이 내렸다.

→ It ___________ a lot last Christmas.

과거의 일이므로 -ed를 붙여 과거형으로 써요.

06 언덕 위의 바람이 시원하다.

→ The wind is ___________ on the hill.

월
일
DAY 39

Nature & Environment Ⅰ

☑ 오늘은 자연과 환경 관련 단어를 집중해서 암기할 거예요.

PREVIEW 아는 단어에 체크해 보세요. 아는 단어 ___ / 25개

0951 ☐ sky
0952 ☐ land
0953 ☐ country
0954 ☐ river
0955 ☐ sea
0956 ☐ mountain
0957 ☐ forest
0958 ☐ lake
0959 ☐ desert
0960 ☐ hill
0961 ☐ valley
0962 ☐ island
0963 ☐ jungle
0964 ☐ ocean
0965 ☐ beach
0966 ☐ pond
0967 ☐ cave
0968 ☐ natural
0969 ☐ stream
0970 ☐ coast
0971 ☐ waterfall
0972 ☐ polar
0973 ☐ shore
0974 ☐ surface
0975 ☐ continent

0951 sky
[skai]
y

명 하늘
The **sky** is blue.
하늘이 파랗다.

0952 land
[lænd]
d

명 육지, 땅
Fish cannot live on **land**.
물고기는 육지에서 살 수 없다.

동사로 '내려앉다, 착륙하다'라는 의미도 있어요.
Our plane will land soon.
우리 비행기는 곧 착륙합니다.

0953 country
[kʌ́ntri]
try

명 나라; 시골
Clara was born in a cold **country**.
Clara는 추운 나라에서 태어났다.

0954 river
[rívə(r)]
ri

명 강
Can we swim in the **river**?
우리가 강에서 수영해도 되나요?

0955 sea
[siː]
s

명 바다
There are many interesting creatures in the **sea**.
바다에는 흥미로운 생물들이 많이 있다.

≒ ocean 대양, 바다

0956 mountain
[máuntən]
moun

명 산
Our country has lots of **mountains**.
우리나라는 산이 많다.

Voca Coach

0957 forest

[fɔ́(:)rist]

st

명 숲

Let's go on a picnic to the **forest**.

숲으로 소풍을 가자.

명 rainforest 열대 우림

Intermediate

0958 lake

[leik]

la

명 호수

They walked around the **lake**.

그들은 호수 주변을 걸었다.

0959 desert

[dézərt]

de

명 사막

The **desert** is very dry.

사막은 매우 건조하다.

0960 hill

[hil]

hi

명 언덕

I climb the **hill** every day.

나는 매일 그 언덕을 오른다.

0961 valley

[vǽli]

va

명 계곡, 골짜기

We passed by the **valley**.

우리는 계곡을 지났다.

0962 island

[áilənd]

land

명 섬

Hawaii is a volcanic **island**.

하와이는 화산섬이다.

s가 묵음(소리 나지 않는 음)임에 유의하세요.

0963 **jungle**
[dʒʌ́ŋgl]
jun

명 **밀림, 정글**
The Amazon is the largest **jungle** in the world.
아마존은 세계에서 가장 큰 밀림이다.

0964 **ocean**
[óuʃən]
o

명 **대양, 바다**
The ship is in the **ocean**.
그 배는 바다에 있다.

'태평양, 대서양, 인도양, 남극해, 북극해'를 말할 때 ocean을 써요.
Pacific/Atlantic/Indian/Antarctic/Arctic Ocean

0965 **beach**
[biːtʃ]
ch

명 **해변, 바닷가**
How about a trip to the **beach**?
해변으로 여행 가는 게 어때?

0966 **pond**
[pɑnd]
d

명 **연못**
This **pond** is very deep.
이 연못은 매우 깊다.

0967 **cave**
[keiv]
ca

명 **동굴**
Let's explore this **cave**.
이 동굴을 탐험해 보자.

0968 **natural**
[nǽtʃərəl]
ral

형 **자연의, 천연의, 자연스러운**
The **natural** scenery is excellent.
자연 경관이 굉장하다.

명 nature 자연
natural resources 천연자원

0969 **stream**
[striːm]
st

명 **시내, 개울**
We played in the **stream**.
우리는 개울에서 놀았다.

영상, 음악 등을 인터넷에서 재생할 때도 stream을 써요.

Voca Coach

0970 coast

[koust]

st

명 해안 (지방)

It is famous for the beautiful **coast**.

그곳은 아름다운 해안으로 유명하다.

0971 waterfall

[wɔ́:tərfɔ̀:l]

fall

명 폭포

The **waterfall** is very popular.

그 폭포는 매우 유명하다.

water(물)+fall(떨어짐, 낙하)

Advanced

0972 polar

[póulər]

po

형 북극[남극]의

Polar bears are wild animals.

북극곰은 야생 동물이다.

명 pole 극

0973 shore

[ʃɔ:r]

re

명 물가, 해안

My uncle lives near the **shore**.

나의 삼촌은 해안가에 산다.

beach는 모래가 있는 해변, coast는 해안 지방, shore는 육지와 바닷물이 맞닿은 곳을 주로 말해요.

0974 surface

[sə́:rfis]

face

명 표면

About 30% of the earth's **surface** is land.

지구 표면의 약 30퍼센트는 육지다.

0975 continent

[kɑ́ntənənt]

nent

명 대륙

There are 7 **continents** in the world.

세계에는 7개의 대륙이 있다.

세계의 7개 대륙
Asia(아시아),
Europe(유럽),
Africa(아프리카),
North[South] America(북[남]아메리카),
Oceania(오세아니아),
Antarctica(남극)

A 영어는 우리말로, 우리말은 영어로 쓰시오.

01 sky
02 land
03 natural
04 river
05 sea
06 waterfall
07 forest
08 lake
09 continent
10 hill
11 surface
12 island
13 beach
14 대양, 바다
15 나라; 시골
16 연못
17 동굴
18 산
19 시내, 개울
20 해안 (지방)
21 밀림, 정글
22 북극[남극]의
23 물가, 해안
24 계곡, 골짜기
25 사막

B 다음 표현을 우리말로 쓰시오.

01 climb the hill
02 a cold country
03 around the lake
04 a volcanic island
05 the beautiful coast

C 빈칸에 알맞은 단어를 쓰시오.

01 fall : ______________ = 떨어짐 : 폭포

02 ______________ : land = 하늘 : 땅

03 nature : ______________ = 자연 : 자연의, 천연의

04 ______________ : sea = 강 : 바다

05 ______________ : pole = 북극[남극]의 : 극

06 s______________ ≒ beach = 해안 ≒ 해변

D 암기한 단어를 이용하여 다음 문장을 완성하시오.

01 이 동굴을 탐험해 보자.

→ Let's explore this ___________.

02 이 연못은 매우 깊다.

→ This ___________ is very deep.

03 우리는 계곡을 지났다.

→ We passed by the ___________.

04 우리나라는 산이 많다.

→ Our country has lots of ___________.

앞에 '많은'이란 뜻의 lots of가 있으므로, -s를 붙여 복수형으로 써야 해요.

05 아마존은 세계에서 가장 큰 밀림이다.

→ The Amazon is the largest ___________ in the world.

06 바다에는 흥미로운 생물들이 많이 있다.

→ There are many interesting creatures in the ___________.

월
일

DAY 40

Nature & Environment Ⅱ

☑ 오늘은 자연과 환경 관련 단어를 집중해서 암기할 거예요.

PREVIEW 아는 단어에 체크해 보세요. 아는 단어 ___ / 25개

0976 □ sun
0977 □ moon
0978 □ star
0979 □ air
0980 □ fire
0981 □ world
0982 □ nature
0983 □ save
0984 □ energy
0985 □ sand
0986 □ rock
0987 □ stone
0988 □ wild
0989 □ heat
0990 □ space
0991 □ earth
0992 □ recycle
0993 □ garbage
0994 □ reuse
0995 □ planet
0996 □ environment
0997 □ solar
0998 □ destroy
0999 □ raw
1000 □ matter

Basic

Voca Coach

0976 **sun**
[sʌn]
s ___

명 **해, 태양**
The **sun** is bright.
해가 반짝인다.

명 sunrise 일출
명 sunset 일몰
명 sunshine 햇빛

0977 **moon**
[muːn]
m ___ n

명 **달**
The **moon** was full in the clear sky.
맑은 하늘에 달은 보름달이었다.

full moon 보름달
half moon 반달
crescent moon 초승달

0978 **star**
[stɑːr]
s ___

명 **별, 항성**
You can see the **stars** at night.
너는 밤에 별을 볼 수 있다.

0979 **air**
[εər]
___ r

명 **공기, 대기**
We can't live without **air**.
우리는 공기 없이 살 수 없다.

0980 **fire**
[fáiər]
___ re

명 **불; 화재**
There was a big **fire** yesterday.
어제 큰불이 났다.

fire truck 소방차
fire station 소방서
firefighter 소방관

0981 **world**
[wəːrld]
___ ld

명 **세계**
The **world** is a beautiful place.
세상은 아름다운 곳이다.

0982 nature

[néitʃər]

na

명 자연

I take a lot of pictures of **nature**.

나는 자연 사진을 많이 찍는다.

nature는 '(사람의) 타고난 본성'을 뜻하기도 해요.

Intermediate

0983 save

[seiv]

sa

동 아끼다, 절약하다; 저장하다

We should **save** water.

우리는 물을 아껴야 한다.

'(위기·위험에서) 구하다'란 뜻도 알아 두세요.
You saved my life.
당신이 내 목숨을 구했어요.

0984 energy

[énərdʒi]

gy

명 에너지, 활기

She's always full of **energy**.

그녀는 항상 에너지가 꽉 차 있다.

형 energetic 활동적인

0985 sand

[sænd]

d

명 모래

He drew a circle in the **sand**.

그는 모래에 원을 그렸다.

형 sandy 모래의

0986 rock

[rɑk]

ro

명 바위, 암석

There are huge **rocks** in the mountain.

그 산에 거대한 바위들이 있다.

가위바위보에서 '바위'를 rock이라고 해요.
Rock-paper-scissors!
영어로 할 때는 '바위-보-가위' 순서로 말해요.

0987 stone

[stoun]

st

명 돌

There are many pretty **stones** on the beach.

그 해변에 예쁜 돌들이 많다.

Voca Coach

0988 **wild**
[waild]
d

형 **야생의**
They are **wild** animals.
그들은 야생 동물이다.

0989 **heat**
[hi:t]
h

명 **열기, 열; 더위** 동 **가열하다**
Fire gives light and **heat**.
불은 빛과 열을 낸다.

0990 **space**
[speis]
ce

명 **우주; 공간**
The earth looks beautiful from **space**.
지구는 우주로부터 아름답게 보인다.

The space is small.
공간이 좁다.

0991 **earth**
[ə:rθ]
th

명 **지구**
The **earth** moves around the sun.
지구는 태양 둘레를 돈다.

0992 **recycle**
[ri:sáikl]
re

동 **재활용하다**
We **recycle** all our papers and bottles.
우리는 우리의 모든 종이와 병을 재활용한다.

re-('다시'를 나타내는 접두사) + 동 cycle(순환하다)

0993 **garbage**
[gá:rbidʒ]
gar

명 **쓰레기**
Don't throw **garbage** in the sea.
바다에 쓰레기를 버리지 마세요.

≒ trash, rubbish

0994 **reuse**
[ri:jú:z]
re

동 **재사용하다**
Please **reuse** your envelopes.
봉투를 재사용해 주세요.

re-('다시'를 나타내는 접두사) + 동 use(사용하다)

0995 **planet**
[plǽnit]
net

명 **행성**
The earth is a **planet** with water.
지구는 물이 있는 행성이다.

Advanced

0996 **environment**
[inváiərənmənt]
en ment

명 **환경**
We must protect the **environment**.
우리는 환경을 보호해야 한다.

형 environmental 환경의

0997 **solar**
[sóulər]
ar

형 **태양의**
Solar heat is renewable energy.
태양열은 재생 가능한 에너지이다.

solar energy 태양 에너지
형 lunar 달의

0998 **destroy**
[distrɔ́i]
roy

동 **파괴하다**
What **destroys** our nature?
무엇이 우리의 자연을 파괴하는가?

명 destruction 파괴

0999 **raw**
[rɔː]
r

형 **가공하지 않은, 날것의**
I like to feel the **raw** nature.
나는 가공하지 않은 자연을 느끼는 것을 좋아한다.

1000 **matter**
[mǽtər]
ma

명 **물질; 문제**
Every **matter** is made up of atoms.
모든 물질은 원자로 이루어져 있다.

What's the matter? 무슨 일이야?

Daily Check

정답 p.311

A 영어는 우리말로, 우리말은 영어로 쓰시오.

01 space
02 moon
03 recycle
04 air
05 fire
06 star
07 nature
08 save
09 sun
10 sand
11 environment
12 destroy
13 garbage
14 열기; 가열하다
15 바위, 암석
16 지구
17 세계
18 돌
19 재사용하다
20 행성
21 에너지
22 태양의
23 야생의
24 가공하지 않은
25 물질; 문제

DAY 40

B 다음 표현을 우리말로 쓰시오.

01 save water
02 wild animals
03 see the stars
04 full of energy
05 protect the environment

C 빈칸에 알맞은 단어를 쓰시오.

01 use : ______________ = 사용하다 : 재사용하다

02 rock : ______________ = 바위 : 돌

03 ______________ : lunar = 태양의 : 달의

04 ______________ : destruction = 파괴하다 : 파괴

05 cycle : ______________ = 순환하다 : 재활용하다

06 g______________ ≒ trash = 쓰레기

D 암기한 단어를 이용하여 다음 문장을 완성하시오.

01 불은 빛과 열을 낸다.

→ Fire gives light and __________.

02 우리는 공기 없이 살 수 없다.

→ We can't live without __________.

03 그는 모래에 원을 그렸다.

→ He drew a circle in the __________.

04 지구는 물이 있는 행성이다.

→ The earth is a __________ with water.

05 어제 큰불이 났다.

→ There was a big __________ yesterday.

06 그 산에 거대한 바위들이 있다.

→ There are huge __________ in the mountain.

There are로 시작했으므로 뒤에 오는 명사는 -s를 붙여 복수형으로 써야 해요.

DAY 36~40 누적 테스트

* 꼭 암기해야 하는 중요도 최상의 단어들을 확인하세요.

A 영어를 우리말로 쓰시오.

01	insect	11	camel
02	ocean	12	waterfall
03	season	13	vegetable
04	discover	14	sunny
05	recycle	15	save
06	winter	16	lightning
07	feather	17	hole
08	planet	18	environment
09	surface	19	elephant
10	garden	20	natural

B 우리말을 영어로 쓰시오.

01	기린	11	나비
02	꽃	12	산
03	동물	13	풀, 잔디
04	강	14	꼬리
05	농장, 농원	15	모래
06	달	16	구름
07	섬	17	식물; 심다
08	따뜻한	18	사막
09	지구	19	세계
10	여름	20	날씨, 기상

정답 p.311

Ⓒ 다음 표현을 우리말로 쓰시오.

01 rainy days ______________________

02 the last leaf ______________________

03 the raw nature ______________________

04 the largest shark ______________________

05 live near the shore ______________________

06 the branch of an old tree ______________________

Ⓓ 암기한 단어를 이용하여 다음 문장을 완성하시오.

01 파리가 그의 턱에 앉았다.

→ A __________ is sitting on his chin.

동사로는 '날다'라는 뜻도 있어요. 여기서는 명사로 쓰였어요.

02 잎이 땅에 떨어진다.

→ Leaves __________ on the ground.

03 나는 매일 그 언덕을 오른다.

→ I climb the __________ every day.

04 저녁에 소나기가 왔다.

→ We had a __________ in the evening.

05 Clara는 추운 나라에서 태어났다.

→ Clara was born in a cold __________.

06 태양열은 재생 가능한 에너지이다.

→ __________ heat is renewable energy.

문장 맨 앞 글자는 대문자로 써요.

Answer Key

MY VOCA COACH | 중학 입문 | 정답

DAY 01

A (표제어 참고) **B 01** 그의 나이 **02** 어르신들 **03** 많은 청소년들 **04** 친절한 이웃들 **05** 이 마을의 주민들 **C 01** child **02** people **03** gentleman **04** woman **05** foreigner **06** husband **D 01** prince **02** Someone **03** Who **04** girl **05** adults **06** name

DAY 02

A (표제어 참고) **B 01** 특별한 보살핌 **02** 가까운 친척들 **03** 그들의 손주 **04** 가족 구성원들 **05** 5살 된 딸 **C 01** father **02** sister **03** grandparent **04** aunt **05** nephew **06** son **D 01** raise **02** lives **03** grandmother **04** each other **05** marry **06** family

DAY 03

A (표제어 참고) **B 01** 당신의 차례를 기다리다 **02** 외국인 친구들 **03** 음악 동아리 **04** 나의 약속을 지키다 **05** 한 무리의 청소년들 **C 01** best **02** nickname **03** meet **04** introduce **05** friendship **06** classmate **D 01** favor **02** join **03** close **04** joke **05** secret **06** in need

DAY 04

A (표제어 참고) **B 01** 영리한 생각 **02** 그 친절한 남자 **03** 상냥한 목소리 **04** 어리석은 실수 **05** 세상에 대해 호기심이 많은 **C 01** selfish **02** humorous **03** honest **04** foolish **05** careful **06** friendly **D 01** character **02** calm **03** bold **04** rude **05** shy **06** wise

DAY 05

A (표제어 참고) **B 01** 큰 곰 한 마리 **02** 그녀의 금발 머리 **03** 사랑스러운 소녀들 **04** 정상 체중 **05** 그의 얼굴을 묘사하다 **C 01** young **02** tall **03** long **04** thin **05** beautiful **06** normal **D 01** pretty **02** change **03** special **04** curly **05** looks like **06** neat

DAY 01~05 누적 테스트

A 01 소녀, 여자아이 **02** 평범한, 정상적인 **03** 비밀; 비밀의 **04** 조심하는, 주의 깊은 **05** 친척; 동족 **06** 사람들 **07** 특별한 **08** 소개하다 **09** 영리한, 똑똑한 **10** 삼촌, 고모부, 이모부 **11** 친한; 거리가 가까운 **12** 십 대, 청소년 **13** 공손한, 예의 바른 **14** 돌봄; 돌보다 **15** 짧은, 키가 작은 **16** 왕자 **17** 잘생긴, 멋진 **18** 살다, 거주하다 **19** 부끄러운, 수줍음이 많은 **20** 우정 **B 01** son **02** brave **03** child **04** help **05** family **06** beautiful **07** honest **08** foreigner **09** meet **10** change **11** wait **12** woman **13** classmate **14** grandchild **15** rude **16** young **17** age **18** selfish **19** cousin **20** shine **C 01** 긴 치마 **02** 상냥한 목소리 **03** 가족 구성원들 **04** 재미있는 여성 **05** 음악 동아리에 가입하다 **06** 그 테이블에 있는 여자 **D 01** stupid **02** dull **03** person **04** grandmother **05** shares **06** looks like

DAY 06

A (표제어 참고) **B 01** 그녀의 직업 **02** 나이 든 이발사 **03** 경찰을 부르다 **04** 선원으로 일하다 **05** 링컨 대통령 **C 01** writer **02** librarian **03** scientist **04** lawyer **05** work **06** engineer **D 01** company **02** vet **03** pilot **04** producer **05** workers **06** police officer

DAY 07

A (표제어 참고) **B 01** 멋진 날 **02** 외로운 남자 **03** 벌레를 무서워하는 **04** 즐거운 크리스마스 **05** 과학에 흥미를 느끼는 **C 01** happy **02** sad **03** angry **04** worried **05** excited **06** proud **D 01** pity **02** serious **03** feeling **04** nervous **05** surprised **06** shame

DAY 08

A (표제어 참고) **B 01** 그에게 소리 지르다 **02** 그녀의 직업을 좋아하다 **03** 기뻐서 펄쩍 뛰다

04 소년에게 미소 짓다 **05** 집에 가고 싶다 **C 01** hate **02** tear **03** complain **04** joy **05** lucky **06** sure **D 01** Thank **02** sorry **03** misses **04** cheer up **05** laugh at **06** calm down

DAY 09

A (표제어 참고) **B 01** 많은 스트레스 **02** 따뜻한 마음 **03** 창의적인 아이디어 **04** 당신과 만나기를 바라다 **05** 심각한 질문 **C 01** thought **02** remember **03** know **04** wonder **05** decide **06** understand **D 01** guess **02** dream **03** plans **04** give up **05** believe **06** because of

DAY 10

A (표제어 참고) **B 01** 그 도시에 대해 쓰다 **02** 우리 마을에 온 것을 환영하다 **03** 우리에게 좋은 소식을 전하다 **04** 내 문자 메시지에 답하다 **05** 나의 친척들에게 편지를 보내다 **C 01** agree **02** receive **03** discuss **04** loudly **05** express **06** communication **D 01** clearly **02** Promise **03** questions **04** mean **05** allow **06** explain

DAY 06~10 누적 테스트

A 01 일하다; 일, 업무 **02** 느낌, 기분 **03** 잊다, 잊어버리다 **04** 외로운, 쓸쓸한 **05** 소리치다 **06** 약속하다; 약속 **07** 대통령, 회장 **08** 포기하다 **09** 큰 소리로, 시끄럽게 **10** 운이 좋은, 행운의 **11** 놀란 **12** 소방관 **13** 결정하다, 결심하다 **14** 미안한; 유감스러운 **15** 보여 주다, 드러내다 **16** 변호사 **17** 좋아하다 **18** 말하다, 이야기하다 **19** 행복한 **20** 추측하다; 추측 **B 01** sad **02** writer **03** thank **04** worried **05** hate **06** dream **07** pilot **08** plan **09** serious **10** answer **11** job **12** question **13** tired **14** welcome **15** farmer **16** know **17** explain **18** complain **19** agree **20** sure **C 01** 멋진 날 **02** 그에게 소리 지르다 **03** 따뜻한 마음 **04** 의사가 되다 **05** 많은 스트레스를 받다 **06** 우리에게 좋은 소식을 전하다 **D 01** understand **02** receive **03** interested **04** vet **05** feel like **06** calm down

DAY 11

A (표제어 참고) **B 01** 날카로운 이빨 **02** 상쾌한 향기 **03** 마른 수건 **04** 정말 좋은 향기가 나다 **05** 약간의 달콤한 꿀 **C 01** wet **02** hard **03** noisy **04** feel **05** see **06** hear **D 01** bitter **02** voice **03** tastes **04** smooth **05** sense **06** touch

DAY 12

A (표제어 참고) **B 01** 이 마을 **02** 교회에 가다 **03** 공항에서 **04** 박물관 안에서 **05** 그의 사무실에서 일하다 **C 01** town **02** bookstore **03** here **04** post **05** temple **06** bank **D 01** there **02** market **03** park **04** places **05** station **06** stop by

DAY 13

A (표제어 참고) **B 01** 정문 **02** 문을 열다 **03** 병을 흔들다 **04** 편안하게 느껴지다 **05** 창문을 닫다 **C 01** roof **02** exit **03** bedroom **04** housework **05** bathroom **06** (t)oilet **D 01** yard **02** stairs **03** kitchen **04** wall **05** pool **06** living room

DAY 14

A (표제어 참고) **B 01** 마른 수건 **02** 일기를 쓰다 **03** 물병 **04** 우리의 옛날 앨범들 **05** 너의 이를 닦다 **C 01** eraser **02** zipper **03** pencil **04** (t)elephone **05** basket **06** toothbrush **D 01** umbrella **02** ruler **03** soap **04** paper **05** key **06** mirror

DAY 15

A (표제어 참고) **B 01** 2학년 **02** 그녀의 교복 **03** 학교 구내식당 **04** 너의 가장 좋아하는 과목 **05** 나의 담임 선생님 **C 01** teacher **02** (e)xam **03** classroom **04** playground **05** locker **06** junior **D 01** rule **02** learn **03**

greeted **04** level **05** hall **06** student

DAY 11~15 누적 테스트

A 01 보다, 지켜보다 **02** 계단 **03** 감각; (감각을) 느끼다 **04** 자 **05** 박물관, 미술관 **06** 칫솔 **07** 따르다, 따라가다 **08** 시장 **09** 졸업하다 **10** 흔들다, 흔들리다 **11** 사원, 사찰 **12** 창문 **13** 궁전, 궁 **14** 우산 **15** 날카로운, 뾰족한 **16** 지하실, 지하층 **17** 체육관 **18** 듣다, 들리다 **19** 일기, 일기장 **20** 교실 **B 01** school **02** pet **03** touch **04** learn **05** yard **06** noisy **07** airport **08** paper **09** library **10** towel **11** bookstore **12** sweet **13** roof **14** bakery **15** eraser **16** voice **17** subject **18** kitchen **19** basic **20** mirror **C 01** 문을 열다 **02** 정말 좋은 향기가 나다 **03** 램프를 켜다 **04** 나의 영어 선생님 **05** 새로운 도시로 이사하다 **06** 일요일마다 교회에 가다 **D 01** basket **02** rule **03** uniform **04** sour **05** station **06** living room

DAY 16

A (표제어 참고) **B 01** 역사 수업 **02** 학교에 늦은 **03** 피아노를 연습하다 **04** 이번 수업의 요점 **05** 너의 잘못된 공부 습관 **C 01** notebook **02** difficult **03** attend **04** topic **05** (c)orrect **06** solve **D 01** focus **02** homework **03** absent **04** studied **05** board **06** on time

DAY 17

A (표제어 참고) **B 01** 신선한 샐러드 **02** 우유 한 잔 **03** 토마토소스 **04** 빵 한 덩이 **05** 모든 종류의 면 **C 01** oil **02** juice **03** boil **04** cook **05** (d)elicious **06** bake **D 01** cut **02** food **03** meals **04** pepper **05** rice **06** is made of

DAY 18

A (표제어 참고) **B 01** 우유를 붓다 **02** 큰 접시 **03** 6명을 위한 자리 **04** 접시들을 치우다 **05** 좋은 중국 식당 **C 01** serve **02** more **03** (c)hef **04** drink **05** thirsty **06** refill **D 01** order **02** knife **03** spoon **04** dessert **05** eat out **06** hungry

DAY 19

A (표제어 참고) **B 01** 파란 모자 **02** 새 드레스 **03** 서랍에서 **04** 바지 한 벌 **05** 그녀의 옷 스타일 **C 01** (j)eans **02** colorful **03** glasses **04** (s)carf **05** wear **06** (c)lothes **D 01** belt **02** closet **03** pocket **04** socks **05** skirt **06** shirt

DAY 20

A (표제어 참고) **B 01** 좋은 가격에 **02** 그 바지를 계산하다 **03** 20달러를 쓰다 **04** 너의 쇼핑 목록 **05** 내 남은 음식을 가져가다 **C 01** manager **02** expensive **03** shopper **04** choose **05** (s)tore **06** sell **D 01** thing **02** get **03** bill **04** cheap **05** money **06** customers

DAY 16~20 누적 테스트

A 01 목이 마른, 갈증 나는 **02** 붓다, 따르다 **03** 자리에 없는, 결석한 **04** 접시, 그릇 **05** 끓이다, 삶다 **06** 벽장, 옷장 **07** 비싼 **08** 설탕, 당 **09** 손님, 고객 **10** 수업; 교훈 **11** 틀린, 잘못된 **12** 젓가락 **13** 아주 맛있는 **14** 장갑 **15** 어려운 **16** 옷, 의복 **17** 값, 가격 **18** 식사, 끼니 **19** 나르다, 운반하다, 가지고 다니다 **20** 청바지 **B 01** homework **02** knife **03** rice **04** glasses **05** solve **06** wear **07** pocket **08** mix **09** waste **10** dessert **11** bread **12** late **13** seat **14** sell **15** meat **16** skirt **17** attend **18** pay **19** hungry **20** choose **C 01** 다채로운 색깔의 드레스 **02** 네가 가장 좋아하는 음식 **03** 저녁으로 외식을 하다 **04** 흥미로운 주제 **05** 매우 많은 돈을 쓰다 **06** 이번 수업의 요점 **D 01** order **02** flour **03** pants **04** count **05** bill **06** reviewed

DAY 21

A (표제어 참고) **B 01** 작년[지난해] **02** 좋은 하루[날] **03** 이번 달 **04** 잠깐 동안, 잠시 **05** 아침에 **C 01** weekend **02** past **03** tonight **04** early **05** today **06** afternoon **D 01** time **02** yesterday **03** evening **04** hours **05** noon **06** When

DAY 22

A (표제어 참고) **B 01** 점심 후에 **02** 항상 바쁜 **03** 다음 기차 **04** 너무 많은 물 **05** 3학년인 **C 01** before **02** last **03** twice **04** first **05** (f)inal **06** already **D 01** almost **02** step **03** again **04** sometimes **05** take turns **06** one by one

DAY 23

A (표제어 참고) **B 01** 자유 시간 **02** 매우 간단한 **03** 맛이 형편없다 **04** 완벽한 날 **05** 그 더러운 방 **C 01** clean **02** heavy **03** sleepy **04** rich **05** new **06** wonderful **D 01** ready **02** light **03** poor **04** strange **05** same **06** fresh

DAY 24

A (표제어 참고) **B 01** 저렴한[낮은] 가격 **02** 큰 도시 **03** 약한 바람 **04** 앞면 **05** 같은 크기 **C 01** narrow **02** thick **03** (s)hape **04** high **05** deep **06** (h)uge **D 01** square **02** wide **03** dot **04** form **05** length **06** circle

DAY 25

A (표제어 참고) **B 01** 반값에 **02** 몇 번 **03** 모든 학생들 **04** 첫 번째 숫자 **05** 5천 원 **C 01** weigh **02** many **03** billion **04** a few **05** hundred **06** (e)very **D 01** Each **02** nothing **03** enough **04** amount **05** Add **06** a lot of

DAY 21~25 누적 테스트

A 01 두 번; 두 배 **02** 밝은, 빛나는 **03** (규모가) 큰 **04** 주말 **05** 동그라미, 원, 원형 **06** 백만; 백만의 **07** 미래 **08** 추가하다, 더하다 **09** 준비가 된 **10** 모양, 형태 **11** 다른; 여러 가지의 **12** 마지막의; 결승 **13** 각각[각자]의 **14** 깨끗한 **15** 오늘 밤; 오늘 밤에 **16** 평평한, 납작한 **17** (수가) 약간의, 조금의 **18** 다음의 **19** 높은 **20** 언제, ~할 때 **B 01** again **02** line **03** time **04** sometimes **05** yesterday **06** narrow **07** new **08** number **09** fresh **10** always **11** morning **12** simple **13** after **14** half **15** calendar **16** thick **17** second **18** enough **19** amount **20** slow **C 01** 과거에 **02** 많은 차들 **03** 앞면 **04** 매우 무거운 동물 **05** 도로 끝에서 **06** 너의 허리를 곧게 펴다 **D 01** busy **02** triangle **03** hours **04** Fill **05** often **06** year

DAY 26

A (표제어 참고) **B 01** 멀리 가다 **02** 상자 위에 **03** 그 나무 옆에 **04** 앞줄에 **05** 은행 뒤에 **C 01** left **02** back **03** near **04** top **05** west **06** below **D 01** outside **02** right **03** north **04** around **05** between **06** up, down

DAY 27

A (표제어 참고) **B 01** 너무 멀리 떨어진 **02** 좋은 추억 **03** 가벼운 배낭 **04** 아름다운 풍경 **05** 여름방학에 **C 01** visit **02** climbing **03** (s)hip **04** leave **05** enter **06** dangerous **D 01** map **02** train **03** travel **04** plane **05** ticket **06** view

DAY 28

A (표제어 참고) **B 01** 하이킹 가다 **02** 자전거를 타다 **03** 책을 읽다 **04** 원을 그리다 **05** 네가 가장 좋아하는 게임 **C 01** camping **02** outdoor **03** fishing **04** activity **05** (c)ollect **06** sing **D 01** climbing **02** game **03** enjoyed **04** start **05** interested in **06** dive

DAY 29

A (표제어 참고) **B 01** 공을 차다 **02** 경기에서 지다 **03** 첫 번째 경기 **04** 최종 점수 **05** 농구 심판 **C 01** walk **02** win **03** hold **04** player **05** defend **06** jump **D 01** throw **02** pass **03** leap **04** stadium **05** race **06** work out

DAY 30

A (표제어 참고) **B 01** 세계 박람회 **02** 큰 이벤트 **03** 인기 있는 밴드 **04** 생일 파티 **05** 그 댄스 대회 **C 01** exciting **02** record **03** crowd **04** invite **05** birthday **06** (p)resent **D 01** wedding **02** holiday **03** festival **04** balloons **05** candle **06** take place

DAY 26~30 누적 테스트

A 01 떠나다, 출발하다 **02** 모으다, 수집하다 **03** 멀리; (거리 · 시간이) 먼 **04** 주장; 선장 **05** 지다; 잃다 **06** ~ 주위[둘레]에 **07** 행사, 이벤트, 사건 **08** 오르다, 올라가다 **09** 휴가, 휴일 **10** 여행, 관광 **11** 바깥; 밖에, 밖으로 **12** 즐기다 **13** 가장 좋아하는 **14** 잡다, 받다 **15** ~ 옆에, ~ 다음의 **16** 신나는, 흥미진진한 **17** 들어가다 **18** 기념하다, 축하하다 **19** 방학, 휴가 **20** 운동[연습]하다; 운동, 연습 **B 01** hobby **02** behind **03** win **04** map **05** run **06** firework **07** south **08** nap **09** birthday **10** train **11** near **12** throw **13** swim **14** between **15** invite **16** defend **17** memory **18** activity **19** festival **20** ticket **C 01** 상자 안에 **02** 공을 발로 차다 **03** 가벼운 배낭 **04** 우리의 첫 번째 캠핑 **05** 매일 운동하다 **06** 축제에 나타나다 **D 01** pass **02** contest **03** arrive **04** left **05** came across **06** dive

DAY 31

A (표제어 참고) **B 01** 무대에 **02** 위대한 화가 **03** 마지막 장면 **04** 음악에 맞춰 춤추다 **05** 유명한 패션모델 **C 01** singer **02** popular **03** dancer **04** talent **05** painting **06** interesting **D 01** script **02** designs **03** craft **04** movie **05** role **06** actor

DAY 32

A (표제어 참고) **B 01** 슬픈 이야기 **02** 노래를 부르다 **03** 기타를 연주하다 **04** 콘서트 티켓 **05** 환상의 세계 **C 01** beauty **02** musical **03** magic **04** fantastic **05** mystery **06** (p)icture **D 01** novel **02** painter **03** note **04** story **05** piano **06** background

DAY 33

A (표제어 참고) **B 01** 큰 코 **02** 그의 머리를 흔들다 **03** 내 어깨에 **04** 동그란 분홍빛 볼 **05** 짧고 두꺼운 손가락 **C 01** foot **02** face **03** hair **04** tooth **05** finger **06** hand **D 01** mouth **02** knee **03** eyes **04** chin **05** neck **06** body

DAY 34

A (표제어 참고) **B 01** 휴식을 취하다 **02** 고열 **03** 강한 햇빛 **04** 두통이 있다 **05** 약을 복용하다 **C 01** die **02** weak **03** weight **04** health **05** safe **06** (a)che **D 01** pain **02** hurt **03** cough **04** get well **05** hospital **06** see a doctor

DAY 35

A (표제어 참고) **B 01** 일어서다 **02** 유리를 깨뜨리다 **03** 너의 펜을 쓰다 **04** 우리 집을 지나가다 **05** 숙제를 끝내다 **C 01** give **02** push **03** build **04** (w)ash **05** wake **06** (b)egin **D 01** lift **02** make **03** bring **04** turn on **05** get up **06** make fun of

DAY 31~35 누적 테스트

A 01 만화 **02** 몸, 신체 **03** 이야기 **04** 흥미로운, 재미있는 **05** 깨뜨리다, 부수다 **06** 그림; 사

진 **07** 고통, 통증 **08** 가져오다, 데려오다 **09** 재채기하다; 재채기 **10** 인기 있는, 대중적인 **11** 무대; 단계 **12** 목 **13** 무늬, 패턴 **14** 들어 올리다 **15** 치료하다, 낫게 하다 **16** 음악가 **17** ~을 채우다, 써넣다 **18** 약, 약물 **19** 혀 **20** 배경, 배후 사정 **B 01** face **02** movie **03** hospital **04** finger **05** make **06** culture **07** weight **08** shoulder **09** build **10** adventure **11** talent **12** hair **13** magic **14** headache **15** script **16** sleep **17** weak **18** master **19** push **20** knee **C 01** 안전한 구역 **02** 음악적인 재능 **03** 강한 햇빛 **04** 너의 손을 씻다 **05** 동그란 분홍빛 볼 **06** 세계적으로 유명한 **D 01** novel **02** stomach **03** cough **04** finished **05** chin **06** role

DAY 36

A (표제어 참고) **B 01** 큰 나무 **02** 매우 빠르게 자라다 **03** 나무로 만들어진 **04** 들판을 가로질러 **05** 아름다운 꽃 **C 01** sunlight **02** leaf **03** vegetable **04** farm **05** discover **06** fall **D 01** soil **02** ground **03** garden **04** branch **05** hole **06** takes care of

DAY 37

A (표제어 참고) **B 01** 돼지 꼬리 **02** 새끼 염소 **03** 낙타를 타다 **04** 많은 기린들 **05** 숲속의 사슴 **C 01** shark **02** sheep **03** tiger **04** butterfly **05** mouse **06** (c)rocodile **D 01** fur **02** lizard **03** monkey **04** fly **05** elephant **06** Ants

DAY 38

A (표제어 참고) **B 01** 겨울에 **02** 비 오는 날들 **03** 사계절 **04** 맑은 날에 **05** 구름 뒤로 가다 **C 01** windy **02** cold **03** sunny **04** cloudy **05** lightning **06** (a)utumn **D 01** blow **02** foggy **03** Spring **04** weather **05** snowed **06** cool

DAY 39

A (표제어 참고) **B 01** 그 언덕을 오르다 **02** 추운 나라 **03** 호수 주변 **04** 화산섬 **05** 아름다운 해안 **C 01** waterfall **02** sky **03** natural **04** river **05** polar **06** (s)hore **D 01** cave **02** pond **03** valley **04** mountains **05** jungle **06** sea

DAY 40

A (표제어 참고) **B 01** 물을 아끼다 **02** 야생동물 **03** 별을 보다 **04** 에너지가 꽉 찬 **05** 환경을 보호하다 **C 01** reuse **02** stone **03** solar **04** destroy **05** recycle **06** (g)arbage **D 01** heat **02** air **03** sand **04** planet **05** fire **06** rocks

DAY 36~40 누적 테스트

A 01 곤충 **02** 대양, 바다 **03** 계절 **04** 발견하다 **05** 재활용하다 **06** 겨울 **07** (새의) 털, 깃털 **08** 행성 **09** 표면 **10** 정원, 뜰 **11** 낙타 **12** 폭포 **13** 채소, 야채 **14** 화창한 **15** 아끼다; 저장하다 **16** 번개 **17** 구덩이, 구멍 **18** 환경 **19** 코끼리 **20** 자연의, 자연스러운 **B 01** giraffe **02** flower **03** animal **04** river **05** farm **06** moon **07** island **08** warm **09** earth **10** summer **11** butterfly **12** mountain **13** grass **14** tail **15** sand **16** cloud **17** plant **18** desert **19** world **20** weather **C 01** 비 오는 날들 **02** 마지막 잎 **03** 가공하지 않은 자연 **04** 가장 큰 상어 **05** 해안가에 살다 **06** 오래된 나무의 나뭇가지 **D 01** fly **02** fall **03** hill **04** shower **05** country **06** Solar

A
above 196
absent 124
accept 71
ache 255
activity 212
actor 232
actress 233
add 188
adult 11
adventure 242
a few 187
afraid 55
after 165
afternoon 159
again 165
age 11
agree 77
air 297
airport 92
album 107
a little 187
all 186
all day (long) 168
allow 78
almost 167
alone 26
a lot of 187
already 168
always 166
amount 189
angry 54
animal 276
animation 212
answer 76
ant 276
arm 248
around 196
arrive 203
art 232
artist 234
ask 75
attend 123
audition 242
aunt 19
autumn 286
away 204

B
baby 17
back 197
background 242
backpack 204
bake 130
bakery 93
balloon 224
band 224
bank 91
barber 49
basement 101
basic 114
basket 107
bathroom 100
beach 292
bear 276
beautiful 39
beauty 241
because of 71
become 47
bedroom 100
be famous for 205
before 165
begin 261
behind 195
be interested in 212
believe 70
below 196
belt 143
be made of 131
best 24
between 196
big 38
bill 151
billion 189
birthday 223
bit 188
bitter 87
blond 40
blow 284
board 123
body 247
boil 131
bold 34
bone 249
bookstore 92
boots 144
bored 55
bottle 107
boy 10
branch 270
brave 31
bread 129
break 262
bright 174
bring 262
brother 17
brush 108
build 262
busy 172
butterfly 277
button 144
buy 149

C
cafeteria 115
cake 223
calendar 161
call 75
calm 32
calm down 64
camel 278
camping 211
candle 224
cap 142
captain 219
care 20
careful 32
carry 150
cartoon 240
catch 218
cave 292
celebrate 226

chalk 106
champion 218
change 40
character 34
cheap 151
cheek 248
cheer up 63
chef 137
child 10
chin 248
choose 152
chopstick 138
church 92
circle 182
city 91
clap 62
class 121
classmate 25
classroom 112
clean 173
clear 284
clearly 77
clever 34
climb 210
climbing 205
clock 107
close 24
closet 145
clothes 145
cloud 283
cloudy 285
club 25
coast 293
coat 143
cold 283
collect 212
colorful 145
come across 205
comfortable 101
comic book 241
communication 78
company 50
complain 64
concert 240
congratulate 226
contest 224
continent 293
cook 130
cool 283
correct 124
cough 256
count 150
country 290
coupon 151
course 124
court 217
cousin 20
cow 276
craft 235
crocodile 279
crowd 225
cry 61
cucumber 272
culture 234
cup 135
cure 255
curious 32
curly 40
customer 152
cut 128
cute 39

D

dance 210
dancer 233
dangerous 204
dark 174
date 158
daughter 18
day 158
dead 174
dear 11
decide 70
deep 181
deer 278
defend 219
delicious 131
dentist 49
describe 41
desert 291
design 234
designer 49
desk 112
dessert 138
destroy 300
diamond 182
diary 106
dictionary 124
die 254
different 175
difficult 122
director 49
dirty 173
discount 152
discover 272
discuss 78
dish 136
dive 210
doll 105
door 98
dot 181
do the dishes 263
draw 210
drawer 145
dream 68
dress 142
drink 135
drop 262
dry 84
dull 33

E

each 187
each other 20
ear 246
early 159
earth 299
east 198
eat 260
eat out 138
elderly 13
elementary 115

elephant 277
emotion 57
end 166
energy 298
engineer 50
enjoy 211
enough 188
enter 204
envelope 108
environment 300
eraser 105
eve 225
evening 160
event 223
every 186
everyone 11
exam 112
exchange 78
excited 55
exciting 225
excuse 64
exercise 217
exit 99
expensive 152
explain 76
express 78
eye 246

F

face 246
fact 70
fair 225
fall 271
family 17
famous 233
fantastic 242
fantasy 241
far 197
farm 269
farmer 47
fashion 234
fast 172
fat 40
father 17
favor 27
favorite 212
feather 279
feel 85
feeling 56
feel like 63
festival 226
fever 255
field 270
fight 26
fill 188
fill in 263
film 234
final 167
fine 54
finger 247
finish 261
fire 297
firefighter 48
firework 226
first 167
fishing 211
flat 181
floor 99
flour 131
flower 269
fly 278
focus 122
foggy 284
folk 242
follow 115
food 128
foolish 33
foot 247
foreigner 13
forest 291
for example 77
forget 71
fork 135
form 181
free 172
freezing 286
fresh 174
friend 24
friendly 31
friendship 27
from 195
front 197
fruit 271
fry 130
fun 209
funny 31
fur 279
future 161

G

gallery 94
game 209
garage 101
garbage 299
garden 270
gate 98
gentle 32
gentleman 12
germ 256
get 149
get up 263
get well 256
gift 223
giraffe 277
girl 10
give 260
give up 71
glad 54
glasses 145
gloves 144
glue 105
goat 277
gorgeous 41
grade 113
graduate 115
grandchild 18
grandfather 18
grandmother 18
grandparent 18
grass 270
greet 114
ground 271

group 25
grow 270
guess 69
guide 203
guitar 239
gym 113

H

hair 247
half 187
hall 113
hand 246
handsome 39
happy 54
hard 86
hat 142
hate 62
have 260
have fun 27
head 247
headache 255
health 253
hear 84
heart 68
heat 299
heavy 173
help 24
here 92
high 179
hiking 211
hill 291
hobby 209
hold 218
hole 271
holiday 224
home 98
homeroom 114
homework 121
honest 32
hope 69
horse 277
hospital 253
hot 283
hour 161
housework 101
huge 180
humid 285
humorous 34
hundred 188
hungry 137
hurt 254
husband 12

I

idea 68
idle 34
in 195
in need 27
insect 279
inside 197
interested 57
interesting 235
introduce 27
invite 224
island 291

J

jacket 144
jeans 143
job 47
join 25
joke 26
joy 63
juice 128
jump 216
jungle 292
junior 115

K

keep 25
key 105
kick 217
kind 31
kitchen 100
knee 249
knife 136
knock 101
know 69

L

lady 12
lake 291
lamp 106
land 290
large 179
last 165
late 121
laugh at 64
lawyer 49
lazy 31
leaf 269
leap 219
learn 112
leave 203
left 197
leg 248
length 181
lesson 122
letter 77
level 114
librarian 50
library 113
lift 262
light 174
lightning 286
like 61
line 179
lip 248
list 151
listen 85
live 19
living room 100
lizard 279
locker 113
lonely 56
long 38
look 84
look like 41
loop 182
lose 217
loudly 77
love 61
lovely 39

low 179
lucky 63

M

mad 63
magic 239
make 260
make fun of 263
mall 151
man 10
manager 152
many 186
map 202
marker 123
market 93
marry 19
master 240
match 218
matter 300
meal 129
mean 76
meat 129
medicine 256
meet 24
member 19
memory 204
menu 135
merry 56
milk 128
million 189
mind 70
minute 161
mirror 107
miss 63
mix 130
model 233
moment 161
money 149
monkey 276
month 160
moon 297
more 137
morning 159
mother 17
mountain 290
mouse 278
mouth 246
move 260
movie 232
much 186
museum 93
mushroom 272
music 232
musical 240
musician 235
mystery 242

N

nail 249
name 10
nap 211
narrow 180
natural 292
nature 298
near 197
neat 41
neck 248
need 69
neighbor 13
nephew 20
nervous 57
never 166
new 172
next 165
next to 196
nice 39
nickname 25
night 160
noisy 86
noodle 131
noon 159
normal 41
north 198
nose 246
not ~ at all 64
note 240
notebook 121
nothing 188
novel 241
now 158
number 186
nurse 254

O

ocean 292
office 93
often 166
oil 128
old 38
olive 272
on 195
once 167
one by one 168
only 186
on time 123
open 174
order 137
outdoor 212
outside 198
over 195

P

pain 255
paint 210
painter 240
painting 233
palace 94
pants 142
paper 105
parent 18
park 91
part 179
partner 27
party 223
pass 216
pass by 263
past 161
pattern 241
pay 150
peel 131
pencil 105
people 13

pepper 130
perfect 175
person 13
pet 98
photo 232
piano 239
picnic 223
picture 239
pilot 49
pity 56
place 91
plan 68
plane 202
planet 300
plant 271
plate 136
play 24
player 218
playground 113
pleased 57
pleasure 64
pocket 144
point 122
polar 293
police 48
police officer 48
polite 33
pond 292
pool 100
poor 173
popular 234
post office 93
pour 137
practice 124
present 225
president 50
pretty 39
price 151
prince 12
princess 12
principal 115
producer 50
professor 50
promise 78
proud 56
push 262

Q

question 70
quiet 32
quiz 121

R

race 217
rain 283
rainy 285
raise 20
raw 300
reach 94
read 209
ready 173
receive 78
record 225
recycle 299
referee 219
refill 138
relative 20
relax 254
remember 71
reporter 48
resident 13
rest 254
restaurant 138
return 204
reuse 299
review 123
rice 128
rich 172
ride 211
right 197
river 290
rock 298
role 235
roof 99
round 180
rude 33
rule 114
ruler 106
run 216

S

sad 54
safe 253
sailor 48
salad 129
sale 151
salt 129
same 175
sand 298
sauce 130
save 298
say 75
scared 55
scarf 143
scene 235
scenery 205
scent 87
school 91
scientist 49
scissors 108
score 218
script 235
sea 290
season 285
seat 136
second 167
secret 26
see 84
see a doctor 255
selfish 34
sell 149
sense 87
serious 56
serve 137
several 189
shake 101
shame 56
shape 180
share 26
shark 278
sharp 86
sheep 278

shine 41
ship 202
shirt 142
shoes 144
shopper 152
shore 293
short 38
shoulder 248
shout 62
show 76
shower 286
show up 226
shy 31
sick 253
side 180
sight 87
simple 173
sing 209
singer 232
sink 99
sister 17
sit 261
size 179
skate 211
sketch 241
skirt 143
sky 290
sleep 260
sleepy 174
slight 181
slow 172
smart 31
smell 85
smile 61
smooth 87
snack 129
sneeze 256
snow 284
soap 106
socks 143
soft 86
soil 271
solar 300
solve 122
some 187
someone 12
sometimes 166
son 19
song 239
sorry 61
sound 85
soup 136
sour 86
south 198
space 299
speak 75
special 40
spend 150
spoon 135
sport 216
spring 285
square 182
stadium 219
stage 233
stair 99
stand 261
star 297
start 209
station 93
stay 100
step 167
stomach 249
stone 298
stop by 94
store 149
story 239
straight 182
strange 175
strawberry 272
stream 292
stress 70
strong 253
student 112
study 121
stupid 33
style 144
subject 114
sugar 130
summer 285
sun 297
sunlight 269
sunny 284
sure 63
surface 293
surprised 57
sweater 145
sweet 84
swim 210

T

table 135
tail 278
take 149
take away 138
take care of 272
take off 205
take place 226
take turns 168
tale 241
talent 234
talk 75
tall 38
taste 85
teacher 112
team 216
tear 62
teenager 11
telephone 107
tell 75
temple 94
terrible 175
text 77
textbook 123
thank 61
theater 93
there 92
thick 181
thin 40
thing 150
think 68
third 167
thirsty 137

thought 69
thousand 189
throw 218
ticket 202
tickle 87
tiger 276
time 158
tired 54
today 158
toe 249
together 26
toilet 100
tomorrow 159
tongue 249
tonight 160
too 165
tooth 247
toothbrush 108
top 196
topic 122
touch 85
tour 203
towel 106
town 91
train 202
travel 203
treat 254
tree 269
triangle 182
trip 203
try 62
turn on[off] 263
twice 168
twin 19
typhoon 286

U

ugly 40
umbrella 108
uncle 19
under 195
understand 70
uneasy 57
uniform 114
up and down 198
upset 55
use 261
usually 166

V

vacation 205
valley 291
vase 108
vegetable 271
vet 47
view 204
village 94
virus 255
visit 202
voice 86

W

wait 26
waiter 136
wake 261
walk 216
wall 98
want 68
warm 283
wash 262
waste 150
watch 86
water 269
waterfall 293
weak 253
wear 142
weather 285
wedding 225
week 160
weekend 160
weigh 189
weight 256
welcome 76
west 198
wet 84
when 158
while 168
who 11
wide 180
wife 12
wild 299
win 217
window 98
windy 284
winter 286
wise 33
wish 69
woman 10
wonder 71
wonderful 175
wood 270
work 47
worker 47
work out 219
world 297
worm 279
worried 55
write 76
write down 123
writer 48
wrong 124

Y

yard 99
year 160
yell 62
yesterday 159
young 38

Z

zebra 277
zero 188
zipper 107
zoo 92

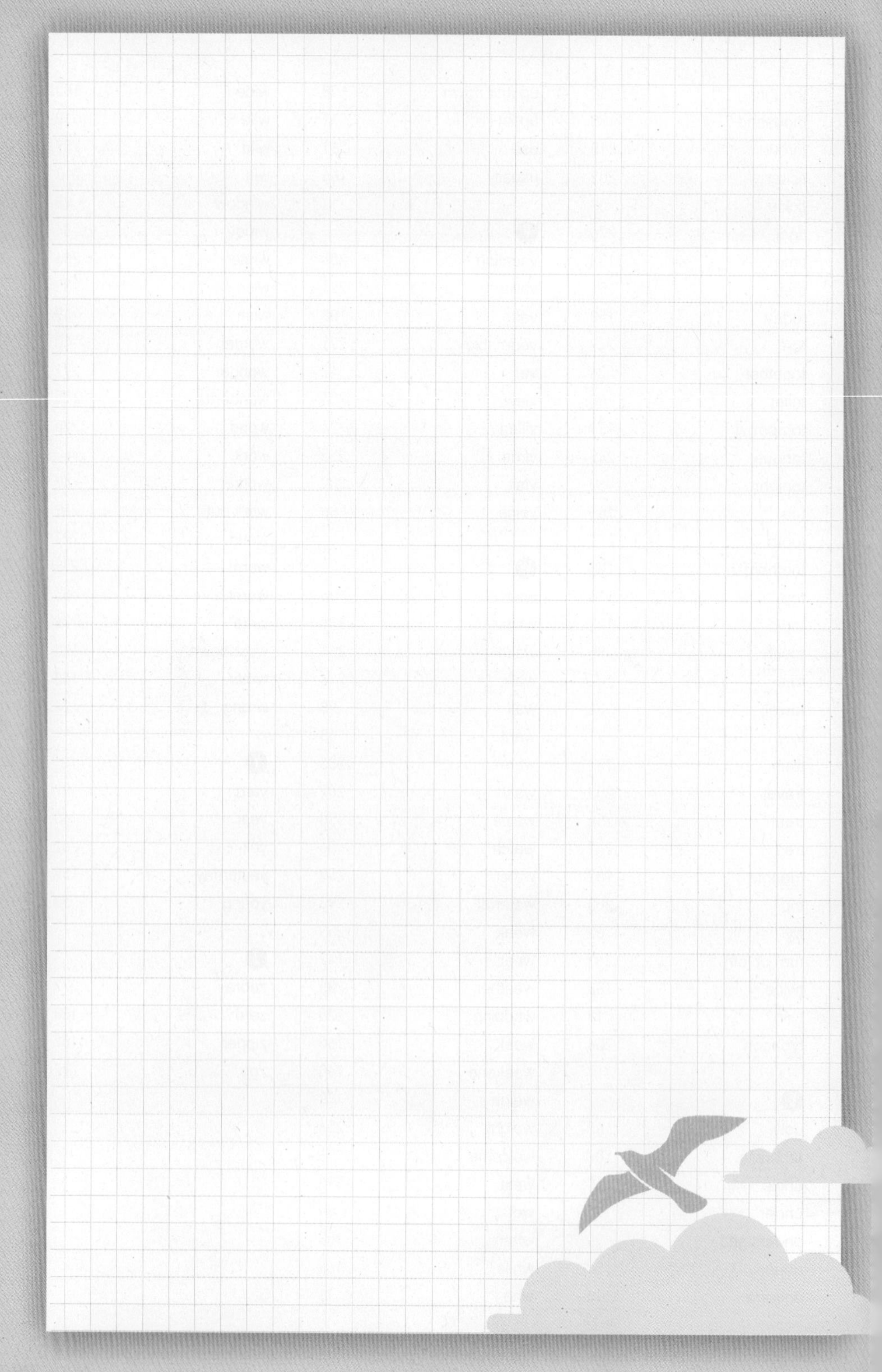